Habilidades Esenciales de la Vida para Adolescentes y Adultos Jóvenes

Una Guía Práctica para Gestión de Tiempo, Dinero, Cocina, Limpieza y Más para el Éxito en y Post Secundaria

Trudy C. Marsh

Indice de Contenidos

Introducción

Déjame adivinar: escoger este libro no fue exactamente idea tuya. Quizá te lo dieron tus padres, o quizá te lo sugirió un maestro... En cualquier caso, me alegro de que estés aquí.

Muchas de las cosas que vamos a tratar en este libro pueden ser noticias viejas para algunos de ustedes. Pero, ¿y otros temas? Puede parecer que están a años luz de tu realidad actual. Tampoco pasa nada. Piensa en esto como en un exclusivo **"anticipo de las próximas atracciones"**— un vistazo a cosas que probablemente tendrás que descubrir antes de lo que crees.

Lo primero es lo primero: no necesitas leer este libro de principio a fin como si fuera una novela. **Siéntete libre de saltar a los capítulos** o secciones que te llamen la atención o te parezcan útiles de inmediato. ¿Necesitas consejos sobre cómo organizar tu tiempo o cómo causar una buena impresión en tu primer trabajo? Ve directamente a esas partes. ¿Te preguntas cómo manejar el dinero o en qué debes pensar al elegir una universidad? Esas secciones también están ahí para ti. **Utiliza este libro como tu guía de referencia personal**, algo a lo que volver siempre que lo necesites.

Lo sé, lo sé: estás pensando: "¿Para qué necesito un libro si puedo preguntarle a mi teléfono?". En una época en la que Google, YouTube y herramientas de Inteligencia Artificial como ChatGPT están al alcance de tu mano, puede parecer innecesario. Sí, claro, puedes averiguar casi cualquier cosa en Internet. Pero la cosa es así: a veces, *no sabes lo que no sabes*. Y ahí es donde entra en juego este libro. Es como una hoja de ruta que señala los puntos clave de interés que querrás explorar con más detalle.

Este libro no va a darte la respuesta a todo, eso sería imposible. Pero sí va a proporcionarte una **"lista de compra" exhaustiva** de las cosas que debes tener en cuenta en la transición de la adolescencia a la edad adulta. Te dará un punto de partida para tu propio viaje de descubrimiento. Una vez que algo despierte tu interés, por supuesto, *POR FAVOR* **ve a YouTube, pregunta en ChatGPT o simplemente busca en Google** las ideas, tendencias e información más recientes.

A medida que avances por los capítulos, puede que encuentres algunos temas más relevantes que otros en distintos momentos de tu vida. Eso es perfectamente de esperar. La vida no sigue una secuencia estricta, y tu aprendizaje tampoco debería hacerlo. Este libro no es para leerlo de principio a fin; **considéralo como un libro de consulta**. Salta de un lado a otro. Utiliza las partes que necesites, *cuando* las necesites.

Tampoco es una lectura para hacer una vez y ya está: es tu compañero para los años venideros. Quizá ahora quieras aprender a administrar tu dinero o comprender los fundamentos de la cocina. Dentro de unos años, podrías volver para profundizar en las secciones sobre la declaración de impuestos o el mantenimiento del hogar. Adquiere estas habilidades a tu propio ritmo, para que cuando llegue el momento, estés preparado(a). Al hojear a través de estas páginas, no te estás precipitando: **estarás adelantándote a la jugada**.

Este libro es solo una guía. Tu viaje es único y aprenderás mucho viviéndolo, cometiendo errores y encontrando tu propio camino. Utiliza este libro como una brújula que te indique la dirección correcta, te haga las preguntas adecuadas y te ayude a construir una base de habilidades que puedas seguir ampliando a medida que crezcas.

Así que, tanto si has tomado este libro por curiosidad, por necesidad o porque alguien pensó que era una buena idea para ti, ¡bienvenido(a)! Estás al principio de un camino apasionante, lleno de retos, sorpresas y oportunidades. Equípate de conocimientos, mantén la curiosidad y la mente abierta. El mundo está esperando a que dejes tu huella, y este libro está aquí para ayudarte a empezar.

Aspectos Básicos del Cuerpo

Cuidando Tu Salud Físico

En el gran juego de la vida, a menudo parece que alguien tiene todas las cartas a su favor. Como adolescente, dependes de tus padres para muchas cosas, estás sujeto a sus normas y puede que no seas libre de tomar tantas decisiones como te gustaría.

Pero hay una baraja que controlas firmemente: tu salud física. Tu cuerpo es lo único que es verdaderamente tuyo, el vehículo que te lleva a través de cada experiencia. Aunque hay muchas cosas que no puedes elegir, tienes el poder de decidir cómo alimentar, mantener y conducir esta increíble máquina. Cuidando tu cuerpo, no solamente te sientes bien, sino que recuperas parte del control.

COMER: Elecciones Que Cuentan

Piensa en la comida como la fuente de energía de tu cuerpo: es lo que mantiene tu mente ágil y tu energía alta y da a tu piel ese brillo saludable. La comida es algo más que satisfacer tus papilas gustativas. Cuando te nutres con los nutrientes adecuados, alimentas tu cuerpo para que rinda al máximo.

"Una dieta balanceada" — es algo que escuchas con mucha frecuencia, pero ¿qué es exactamente? Bueno, en realidad es sencillo. Una dieta equilibrada tiene que ver con la *variedad*.

- *Frutas y Verduras:* Son las multivitaminas de la naturaleza. Están repletas de vitaminas, minerales y fibra. Busca un arco iris de colores para obtener una amplia gama de nutrientes.

- **Proteínas:** Piensa en ellas como los bloques de construcción de tu cuerpo. Ayudan a construir y reparar tejidos. Las carnes magras, las aves, el pescado, las legumbres, los huevos y los frutos secos son buenas fuentes de proteínas.

- **Cereales:** Preferiblemente integrales. Proporcionan energía y son una buena fuente de fibra, que facilita la digestión.

- **Lácteos:** Estos productos son una gran fuente de calcio, esencial para unos dientes y huesos fuertes.

- **Grasas:** Sí, has leído bien. Las grasas son una parte esencial de una dieta balanceada. Proporcionan energía y ayudan a tu cuerpo a absorber vitaminas específicas. Asegúrate de elegir grasas saludables, como las que se encuentran en los aguacates, los frutos secos, las semillas y el aceite de oliva.

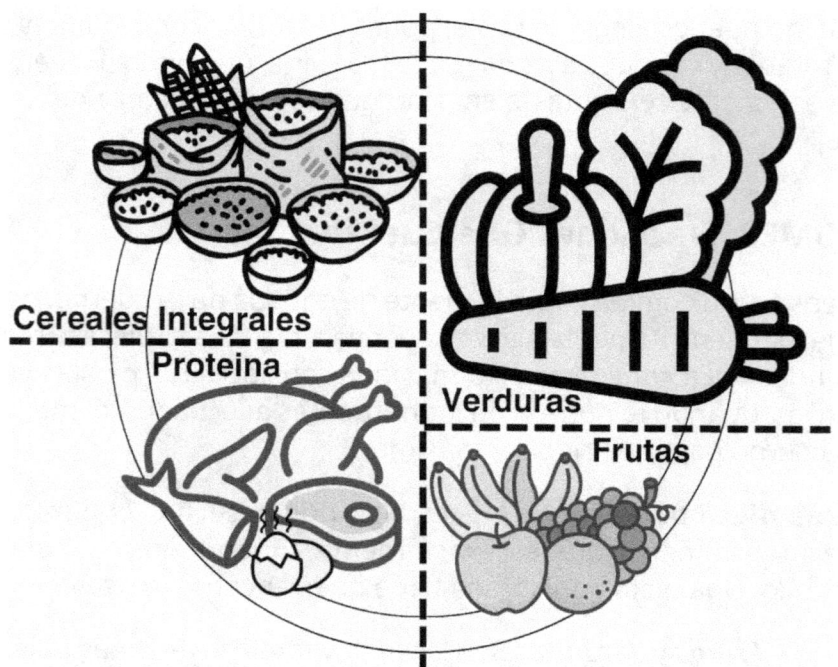

Guía Visual Aproximada de un Plato Saludable

- *El Agua:* Por último, pero no por ello menos importante, mantenerse hidratado es esencial para que tus funciones corporales funcionen correctamente. La deshidratación puede ser peligrosa, así que ten agua a mano todo el día y bébela con regularidad.

Maneras Sencillas de Comer Más Sano

Hazlo fácil: Si comer sano te resulta cómodo, es más probable que lo sigas. Piensa en alimentos fáciles de preparar y de transportar. Fruta, pequeñas bolsas de frutos secos, semillas, mezcla de frutos secos, barritas de granola, yogures en porciones individuales o palitos de verdura con aderezo pueden ser tentempiés rápidos y nutritivos.

Cambia o añade: ¿Te encanta tu Frappuccino grande? Considera pedir uno más pequeño, cambiar a leche descremada o elegir un jarabe sin azúcar. También puedes equilibrar una bebida dulce con una pequeña ensalada, fruta o una opción proteínica como unos bocaditos de huevo.

Conviértelo en un hábito: Intenta comer a la misma hora todos los días para reducir el riesgo de saltarte comidas, lo que puede provocar bajadas de azúcar, cansancio o antojos de azúcar.

MOVIMIENTO: Energízate Cada Día

Tu cuerpo está diseñado para moverse y ¡le encanta! La actividad física regular te hace más fuerte y también aumenta tu bienestar mental. ¿El objetivo? Un mínimo de 60 minutos de ejercicio moderado a intenso cada día. Sí, ¡TODOS LOS DÍAS!

Hay cuatro tipos esenciales de actividad física:

Actividad aeróbica/cardiovascular: Estas actividades ayudan a que tu corazón y tus pulmones funcionen mejor, pueden levantarte el ánimo y hacerte sentir con más energía. Además, ¡son estupendas para mantenerte en forma y agudizar la mente! Piensa en correr, montar en bici, nadar, bailar o practicar deportes de equipo. Hazlos a diario.

Fortalecimiento muscular: Ejercicios como el levantamiento de pesas, las bandas de resistencia, los ejercicios de peso corporal o tareas como quitar la nieve con pala ayudan a desarrollar la fuerza y la resistencia muscular. Hazlos tres veces por semana.

Fortalecimiento óseo: Tus huesos necesitan ejercicio para no volverse frágiles y débiles. Las actividades que implican algún tipo de impacto, como correr o saltar, ayudan a aumentar la densidad ósea y a mantener los huesos fuertes. Tres veces a la semana es el objetivo.

Entrenamiento de flexibilidad: Los estiramientos ayudan a mejorar tu flexibilidad, permitiendo que tus articulaciones se muevan en toda su amplitud de movimiento. También ayuda a prevenir lesiones y a aliviar la tensión muscular. Los ejercicios sencillos de estiramiento, el yoga o el Pilates son formas estupendas de mejorar la flexibilidad. Hazlo siempre que puedas a lo largo del día.

Sube por las escaleras en lugar de utilizar el elevador, ve a la escuela en bicicleta o en patines, y ayuda en las tareas del jardín. ¡Todo cuenta! Se trata de encontrar lo que funciona para ti y convertirlo en parte de tu estilo de vida.

DORMIR: El Botón de Reinicio de Tu Cuerpo

El sueño es un proceso que permite a tu cuerpo y a tu cerebro descansar, curarse y repararse, pero los adolescentes tienden a no dormir lo suficiente. **Dormir entre 8 y 10 horas por noche** no es solo una recomendación, sino una necesidad. Este ritual nocturno no se limita a ofrecer descanso; es una afinación vital para todos los tejidos y sistemas, que garantiza que estén preparados y listos para los retos que les esperan.

Cómo crear buenos hábitos de sueño

- **Haz que tu habitación sea apta para dormir:** Tu dormitorio debe ser un lugar de relajación— cómodo, ligeramente más fresco y libre de distracciones. Haz que esté lo más oscuro posible por la noche para indicar a tu cerebro que es hora de dormir. Una máquina de "ruido blanco" puede ayudarte si eres sensible a los sonidos.

- **Apaga la tecnología:** La luz azul que emiten los teléfonos inteligentes y las tabletas sobre estimula el cerebro y altera el reloj interno del cuerpo, dificultando el sueño. Apaga las pantallas al menos una hora antes de acostarte. Pon los dispositivos en modo "no molestar" durante la noche.

- **Mantén un horario de sueño coherente:** Intenta acostarte y levantarte a la misma hora todos los días, incluso los fines de semana. Cuanto más se aproximen tus horas de sueño y de despertar diarias, más fácil te resultará dormirte y despertarte sintiéndote renovado.

- **Practica actividades calmantes antes de acostarte:** lo más probable es que tus padres tuvieran una rutina para acostarte cuando eras pequeño. Establece una nueva rutina para ti: la meditación, el yoga antes de acostarte, escribir un diario o leer un libro relajante pueden ayudar a indicar a tu cuerpo que es hora de relajarse y conciliar el sueño.

- **Dedica un tiempo adecuado al sueño:** Puede ser difícil dormir una noche entera con todas las presiones a las que te enfrentas como adolescente. ¿Cuántas horas duermes en promedio cada noche? Averígualo, y luego auméntalo 30 minutos a la semana hasta que alcances las 8-10 horas recomendadas por noche.

Cuidar de tu físico no se limita a cumplir lo mínimo necesario para mantenerte con vida. El cuidado de la piel y los cuidados médicos básicos también son esenciales para mantener una buena salud y presentar al mundo la mejor versión de ti mismo(a).

CUIDADOS DE LA PIEL Y EL ACNÉ

Tratar el acné puede ser frustrante, pero un régimen adecuado de cuidado de la piel puede hacer la diferencia. Los cambios hormonales pueden aumentar la producción de grasa, lo que provoca la obstrucción de los poros cuando esta grasa se combina con las células muertas de la piel y las bacterias. El resultado son granos, espinillas y puntos blancos. La genética, la dieta y el estilo de vida también pueden desempeñar un papel importante. Tu rutina de cuidado de la piel debe incluir:

Limpieza Usa un limpiador suave. Los limpiadores fuertes y el agua caliente pueden eliminar los aceites esenciales de la piel y aumentar aún más la producción de grasa. Así que utiliza agua entre fría y tibia para lavarte la cara dos veces al día— por la mañana y antes de acostarte.

Hidratación Utiliza una crema hidratante sin perfume para evitar reacciones alérgicas o irritaciones cutáneas. Aplícate una con factor de protección solar por la mañana; aplícate una hidratante de noche sin FPS antes de acostarte.

Medicamentos para el Acné Puede ser tentador, pero no aprietes ni revientes los granos. Utiliza un tratamiento contra el acné específicamente diseñado para secar el grano de forma segura sin dañar la piel.

Tonificar y Exfoliar Los tonificantes son un paso opcional del cuidado de la piel. Se aplican sobre el rostro con un algodón para eliminar el exceso de grasa o suciedad que queda tras el lavado. Exfoliar la piel también es opcional y debe hacerse con cuidado. No te exfolies más de una vez a la semana, o podrías irritar la piel.

PROBLEMAS MÉDICOS COMUNES/MENORES

Por muy cuidadoso que seas, de vez en cuando te enfermarás mientras vivas. Algunas enfermedades comunes son:

- **El resfriado común:** Los síntomas pueden incluir dolor de garganta, dolor de cabeza, nariz mocosa o congestionada, tos, estornudos, fatiga y fiebre leve.

- **Gripe** *(conocida en EE.UU. como 'Flu'):*Los síntomas de la gripe son similares a los del resfriado común, pero más graves. Fiebre alta, escalofríos fuertes, dolores corporales intensos, a veces con diarrea o vómitos.

  Infecciones: Causadas por diversos microorganismos,

- como bacterias, virus, hongos y parásitos. Son frecuentes la fiebre, los dolores y otros síntomas parecidos a los de la gripe, pero suelen ir acompañados de molestias o hinchazón de las partes concretas del cuerpo afectadas, por ejemplo, oídos, fosas nasales (sinusitis) y vías urinarias.

La clave está en escuchar a tu cuerpo, darte cuenta de cuándo algo no va bien y tomar las medidas adecuadas.

Ahora bien, no soy un profesional de la medicina, así que no puedo darte consejos médicos, pero permíteme compartir aquí algunas formas comunes y generalmente aceptadas de tratar enfermedades y lesiones leves.

Medicamentos de Venta sin Receta Médica

Muy bien, ya has identificado tus síntomas. ¿Y ahora qué? *Los medicamentos de venta libre* (**OTC**, *por sus siglas en inglés*) pueden ayudarte a sentirte mejor para algunas enfermedades comunes. OTC significa que puedes comprarlos en la farmacia sin la prescripción de un doctor.

Medicamentos antiinflamatorios no esteroideos (NSAIDs,** por sus siglas en inglés)* como el ibuprofeno, pueden ser útiles para el dolor, la fiebre o la inflamación. ***Los antihistamínicos pueden ser tus mejores amigos si tienes goteo nasal, estornudos, picores u ojos llorosos. ¿Tienes tos? ***Los antitusígenos*** pueden ayudarte.

Como te compartí anteriormente, OTC significa que puedes comprarlos sin receta médica, pero eso no significa que sean totalmente inofensivos. Antes de comprar cualquier cosa, consulta al farmacéutico de la farmacia. Siempre lee la etiqueta, sigue las instrucciones y ten en cuenta los posibles efectos secundarios.

ALERGIAS COMUNES Y DE TEMPORADA

Si alguna vez te has despertado con los ojos rojos e hinchados, te ha salido un sarpullido después de comer algo o has tenido ataques de estornudos que no podías controlar, probablemente has experimentado una reacción alérgica. Las alergias se producen cuando el sistema inmunitario reacciona de forma exagerada ante algo que considera perjudicial, como ciertos alimentos, animales, polvo o polen.

Cómo tratar las alergias más comunes

Alergias a los Alimentos: Algunas personas nacen con ellas, pero puedes desarrollar alergias alimentarias en cualquier momento, incluso con alimentos que has estado comiendo toda la vida. Las alergias alimentarias pueden ser graves– a veces incluso mortales. Si eres alérgico(a), pregunta al personal de los restaurantes sobre los ingredientes y diles siempre si tienes alguna alergia. Lleva contigo un *auto inyector de epinefrina* (como un *EpiPen*) y aprende a utilizarlo. Informa a tus acompañantes de que llevas uno y muéstrales dónde encontrarlo. Lleva una tarjeta de los alérgenos con información sobre tu alergia y cómo tratarla en caso de emergencia.

Alergias por Contacto: Las alergias de contacto se producen tras tocar una sustancia que desencadena una respuesta inmunitaria, como el látex, determinados metales o sustancias químicas. A veces, el origen es obvio, pero otras veces es necesario que un alergólogo realice pruebas de parche para identificar el alérgeno. Elige cosméticos hipoalergénicos y productos para el cuidado de la piel con menos probabilidades de provocar reacciones cutáneas, y escoge productos sin fragancias.

Alergias Estacionales (Fiebre del Heno): El polen es una fuente común de alergias estacionales. La primavera y el otoño pueden ser un reto para quienes padecen fiebre del heno, cuyos síntomas incluyen picor de ojos, dolores de cabeza por sinusitis, secreción nasal incesante y estornudos constantes. Cierra las ventanas en los días de mucho polen y ponte una mascarilla al aire libre. Utilizar *dispositivos de irrigación nasal* (como *Neti Pot*) para enjuagar las fosas nasales puede resultar un poco extraño al principio, pero a algunas personas les funciona de verdad.

Dispositivos de Irrigación Sinusal

Los Antihistamínicos pueden aliviar los síntomas de la fiebre del heno. Hay fórmulas diurnas y nocturnas. **Los descongestionantes**, en aerosol nasal o por vía oral, pueden ayudar con la congestión. Los colirios y los **corticoesteroides** tópicos pueden aliviar los síntomas oculares y cutáneos. Aunque las soluciones sin receta pueden darte un alivio temporal, es importante que consultes a un experto sanitario para que te asesore sobre los efectos secundarios y tus alergias específicas.

Si tus síntomas son graves, duran más de unos días o los medicamentos de venta libre no te ayudan, es hora de llamar al médico. Además, si tienes síntomas como dolor en el pecho, dificultad para respirar, dolor abdominal intenso, mareo repentino o vómitos o diarrea intensos, consulta inmediatamente a un médico.

PRIMEROS AUXILIOS BÁSICOS

No todas las enfermedades o lesiones leves justifican una visita al médico. Tener unos conocimientos básicos de primeros auxilios puede ahorrarte tiempo y dinero. He aquí una guía rápida de los tratamientos populares generalmente recomendados para las urgencias cotidianas que requieren primeros auxilios.

Cortaduras, Rasguños y Raspones: Limpia la herida con agua y jabón suave y aplica una *pomada antibiótica* para prevenir la infección. Cúbrela con un vendaje o una gasa estéril.

Quemaduras Leves: Deja correr agua fría sobre la quemadura durante unos minutos y luego sécala suavemente con un paño limpio. Aplica una pomada antibiótica para calmar la piel y cubre la quemadura con un vendaje estéril antiadherente.

Picaduras de Insectos y Hiedra Venenosa: Lávate con agua y jabón y aplícate una *crema de hidrocortisona* de venta sin receta *o una loción de calamina* para aliviar el picor y la inflamación. Toma un antihistamínico si te lo recomienda un profesional de la salud. Si eres alérgico a las abejas y te pican, busca ayuda inmediatamente.

Astillas: Limpia la zona alrededor de la astilla con agua y jabón. Utiliza pinzas esterilizadas para extraer la astilla con cuidado. Aplica una pomada antibiótica.

Hemorragias Nasales: Inclina ligeramente la cabeza hacia delante, aprieta las fosas nasales y respira por la boca. Mantén la presión hasta que deje de sangrar.

Quemaduras Solares: Date un baño o una ducha fría para calmar la piel. Aplica gel de aloe vera para hidratar y calmar la piel. Evita seguir exponiéndote al sol hasta que la piel se haya curado.

Ataques de Pánico: Concéntrate en respirar lenta y profundamente para regular tu patrón respiratorio. Busca un lugar tranquilo y cómodo para sentarte o recostarte. Practica técnicas de conexión a tierra, como nombrar los objetos que te rodean.

Hiperventilación: La hiperventilación puede ser confusa: te sientes falto de aire porque estás exhalando demasiado dióxido de carbono con demasiada rapidez, NO porque no estés recibiendo suficiente oxígeno. Inhalar y exhalar en una bolsa de papel o con las manos ahuecadas puede ayudar, de momento, aumentando tu entrada de CO_2, pero ten precaución y pide consejo a tu médico.

Conmociones Cerebrales: Llama al médico si te golpeas fuerte la cabeza y sospechas que tienes una conmoción cerebral. Descansa en una habitación tranquila y oscura y evita las actividades que requieran concentración o esfuerzo físico hasta que los síntomas desaparezcan.

Lesiones Deportivas: Para los esguinces de muñeca y tobillo, los dedos punzantes y las articulaciones hiperextendidas, sigue el método R.I.C.E: ['**_Rest_**'] Descansa la zona lesionada para evitar daños mayores, ['**_Ice_**'] aplica una bolsa de hielo envuelta en un paño para reducir la hinchazón y el dolor, utiliza una venda elástica para comprimir la zona lesionada ['**_Compress_**'] para darle apoyo y reducir la hinchazón, y ['**_Elevate_**'] eleva la zona lesionada por encima del nivel del corazón siempre que sea posible.

Huesos Rotos: Si crees que puedes haberte roto un hueso, acude al servicio de urgencias del hospital, llama al 911 o ponte en contacto con un médico. Te harán una radiografía y te darán el tratamiento y las instrucciones adecuadas.

Reacción Alérgica Grave: Si la reacción alérgica es grave, llama al 911. Si la persona afectada utiliza un EpiPen, sigue las instrucciones de la pluma para administrarlo.

Ingestión o Exposición a Sustancias Químicas Nocivas: Llama al Centro de Toxicología: **1-800-222-1222.**

Asfixia: Si la persona puede toser o hablar, anímala a seguir tosiendo. Si no puede respirar, realiza la _Maniobra de Heimlich_. Si no te sientes seguro realizando la maniobra de Heimlich, pide ayuda o llama al 911 inmediatamente.

De nuevo, se les llama _"Primeros Auxilios"_ por una razón. Estas son solo las soluciones inmediatas y a menudo temporales para lesiones comunes. Si tu estado no mejora o empeora, asegúrate de buscar ayuda profesional.

El botiquín básico de primeros auxilios

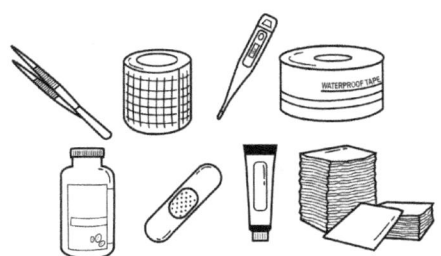

La siguiente es una lista de artículos que deberías considerar incluir en tu botiquín casero o en tu gabinete de medicamentos:

Vendas Adhesivas (i.e., Bandaid)	Vaios tamaños para cortes leves, ampollas o abrasiones.
Gasas Estériles	Distintos tamaños para cubrir heridas o quemaduras más importantes.
Cinta Adhesiva	Para sujetar gasas y otors apósitos.
Toallitas Antisépticas o Solución	Para limpiar heridas. Por ejempio, agua ozigenada o toallitas con alcohol.
Pinzas	Para extraer astillas u otros objetos extraños.
Tijeras	Para cortar esparadrapo, gasas o ropa.
Termómetro	Para comprobar si hay fiebre.
Venda Elástica (e.g., Venda Ace)	Para vendar esquinces o torceduras.
Analgésicos	Como el paracetamol (Tylenol) o el ibuprofeno (Advil). Sigue siempre las dosis recomendadas y mantenios fuera del alcance de los niños.
Antihistamínico	Como la difenhidramina (Benadryl) para las reacciones alérgicas. Ten en cuenta que puede provocar sueño.
Hidrocortisona en crema	Para picaduras de insectos o erupciones cutáneas con picor.
Crema para Quemanduras o Gel de Aloe Vera	Para calmar quemaduras leves.
Lista de números de Emergencia	Incluye los contactos de tu médico de cabecera y de los servicios de emergencia locales. Si sospechas que has ingerico o te has expuesto a sustancias quimicas nocivas, ponte en contacto con el Centro Toxicologia llamando al 1-800-222-1222.

Reanimación Cardiopulmonar (RCP) Básica

La resucitación cardiopulmonar, o RCP, es una técnica que salva vidas y se utiliza en emergencias como un infarto o un ahogamiento inminente. Es demasiado compleja para tratarla aquí, así que apúntate a un curso de RCP en cuanto tengas la oportunidad de aprender el método correcto. Realmente puede salvar vidas.

Recuerda que el objetivo de los primeros auxilios no es sustituir a la ayuda médica profesional. Es proporcionar asistencia inmediata hasta que llegue esa ayuda. Y aunque es estupendo estar preparado, ¡esperemos que nunca tengas que utilizar estas habilidades!

En cuestiones de salud, siempre es mejor ir a lo seguro. Si algo no va bien, haz caso a tu instinto y busca ayuda. Solo tienes un cuerpo. Cuídalo bien.

2

Asuntos Médicos

Mantente Informado, Mantente Sano

Incluso con las mejores rutinas de autocuidado, que incluyen una dieta balanceada, ejercicio regular y sueño abundante, todos necesitamos atención médica profesional de vez en cuando. Las revisiones médicas de rutina ayudan a garantizar el buen funcionamiento de nuestro cuerpo y, admitámoslo, las enfermedades y lesiones forman parte de la vida y nadie puede eludirlas por completo.

CHEQUEOS PERIÓDICOS: La Tarjeta de Calificaciones de Tu Cuerpo

Exámenes Médicos

En un chequeo o reconocimiento médico típico, tu médico hace un examen de tu estado general de salud. Te auscultará el corazón y los pulmones, te tomará la presión arterial y examinará diversas partes de tu cuerpo en busca de señales inusuales.

Los análisis de sangre son otro elemento habitual. Pueden dar un informe detallado sobre tus niveles de colesterol, azúcar en sangre, función renal, etc. Una buena regla general es hacerse un chequeo general una vez al año.

Áreas de preocupación

Colesterol: No es solo cosa de personas mayores. Aproximadamente el 7% de los niños y adolescentes estadounidenses tienen niveles altos de colesterol, lo que puede aumentar el riesgo de padecer enfermedades cardiacas o derrames cerebrales.

Presión Arterial: Alrededor del 3.5% de los niños y adolescentes de Estados Unidos tienen la presión arterial alta. Esa cifra se dispara hasta casi el 50% de los adultos mayores de 20 años. Pequeños cambios en tu estilo de vida durante la adolescencia pueden ayudarte a evitar grandes problemas más adelante.

Masa Corporal: Mantener un peso saludable es una forma de reducir el riesgo de padecer múltiples enfermedades crónicas. Los adultos utilizan un cálculo estándar del Índice de Masa Corporal (BMI, por sus siglas en inglés) para ver si su peso está dentro de un rango saludable para su estatura. Los niños y adolescentes utilizan un cálculo del BMI basado en el sexo y la edad, que es mejor que administre un médico.

Nivel de Azúcar en Sangre: Un nivel crónicamente alto de azúcar en sangre puede contribuir a desarrollar diabetes de tipo 2, una enfermedad en aumento en niños y adolescentes.

Fumar: Fumar perjudica tu corazón, tus pulmones y tu salud en general. Si fumas, **¡¡DEJA DE FUMAR!!** No tiene ningún beneficio. Si te resulta difícil dejar de fumar, acude a profesionales médicos.

Revisiones dentales

Tu dentista te limpiará a fondo los dientes y las encías, comprobará si tienes caries y te hará radiografías si es necesario. Lo ideal es programar una visita cada seis meses. Un ortodoncista es un especialista dental especializado en la alineación de los dientes y la función de la mandíbula, que se asegura de que tengas una mordida sana.

Consejos para el cuidado dental

- Cepíllate los dientes al menos dos veces al día, una al

levantarte y otra antes de acostarte. Utiliza primero hilo dental para desalojar cualquier partícula de comida o placa entre los dientes, lo que hace que el cepillado sea más eficaz. Cepíllate los dientes superiores, los inferiores y los posteriores durante al menos un minuto.

- Sustituye el cepillo de dientes cada tres o cuatro meses.

- No dudes en pedir cita con el dentista si te duelen los dientes, se te inflaman o te sangran las encías, o sufres alguna lesión en los dientes, como un diente agrietado o astillado.

Exámenes de la Vista

Las revisiones regulares de la vista pueden detectar enfermedades oculares como el glaucoma y las cataratas, e incluso detectar síntomas de otros problemas de salud como la diabetes o la hipertensión. Durante un examen ocular, tu oftalmólogo revisará tu visión, te examinará los ojos para detectar enfermedades comunes y posiblemente te dilate las pupilas para obtener una visión más detallada. Una recomendación estándar es un examen cada dos años. Si llevas anteojos o lentes de contacto o padeces alguna enfermedad ocular, puede que necesites visitar a tu optometrista más a menudo.

VACUNAS

Las vacunas preparan tu sistema inmunitario para combatir las infecciones antes de que invadan tu cuerpo. Te protegen contra diversas enfermedades, desde el sarampión y las paperas hasta la gripe y el *HPV (Virus del Papiloma Humano)*. Y no son solo para los niños. Los adolescentes y los adultos también necesitan vacunarse, incluidas las dosis de refuerzo de algunas vacunas.

Los virus de la gripe mutan constantemente, por lo que la vacuna antigripal del año pasado no te protegerá contra el virus de este año. Por tanto, debes vacunarte contra la gripe cada otoño para estar seguro. Lo mismo se aplica a las vacunas COVID-19, ya que evolucionan constantemente junto con el virus.

Tu médico puede proporcionarte un calendario de vacunación basado en la edad, la salud y el historial de vacunaciones previas. Mantén tus vacunas al día. Es crucial para tu salud y la de los que te rodean.

CUIDADO MÉDICO

Nadie conoce mejor que tú los cambios de tu cuerpo, así que tiene sentido que empieces a tomar en tus manos tu atención médica. Prepárate ahora para esa responsabilidad, empezando por lo siguiente:

- *Reúne información básica*: Nombre y dirección de tu médico, copias de tu historial médico, nombres de los medicamentos que tomas e historial médico familiar.

- *Selecciona tu propio médico:* Habla con tus padres sobre la transición de un pediatra o médico de familia, e investiga a quién podrías querer como tu propio médico. Por supuesto, ¡puedes conservar a tu médico actual si te agrada!

- *Hazlo tú mismo:* Empieza a hacer citas y a pedir tus propias recetas.

- *Aprende cómo se hacen las cosas*: Empieza a informarte sobre los aspectos básicos de la cobertura del seguro médico y a obtener la tuya propia una vez que ya no estés bajo el plan de tus padres. Pregúntales cómo se hacen las recomendaciones a los especialistas y cualquier otro proceso que no entiendas del todo.

Los Diferentes Tipos de Médicos

No todos los médicos son iguales. Hay muchas áreas de especialización. Algunos médicos pueden ser visitados por cualquiera, mientras que otros requieren una recomendación de tu médico de atención primaria (es decir, principal) para programar una cita.

He aquí algunos de los tipos más comunes de médicos que es probable que necesites:

- **Pediatra:** Están especializados en la atención a niños desde el nacimiento hasta la edad adulta temprana, normalmente los 18 años.

- **Médico de familia:** A veces denominados generales, estos médicos atienden a toda la familia, desde el nacimiento hasta la vejez. Se encargan de las revisiones de rutina, algunos cuidados de enfermedades crónicas y administran vacunas.

- **Dermatólogo:** Es a quien acudes si tienes algún problema en la piel, el pelo o las uñas, como acné, eczema o lunares.

- **Optometrista y Oftalmólogo:** Cualquiera de los dos puede denominarse " doctor de los ojos", pero hay una distinción importante. Los optometristas se especializan en corregir tu visión con lentes y lentes de contacto. Los oftalmólogos tratan las afecciones y enfermedades oculares y también realizan cirugía ocular.

- **Ginecólogo u Obstetra:** OBGYN es la abreviatura de Doctor en Obstetricia y Ginecología. Estos médicos están especializados en el aparato reproductor femenino, el embarazo y el parto. A menudo, se anima a las mujeres jóvenes a que empiecen a ver a ginecólogos durante sus años de preparatoria.

¡Esto es sólo la punta del iceberg! Un médico de familia o un pediatra pueden orientarte en caso de que necesites ver a un especialista para cualquier cosa. Confía en su experiencia.

Seguro de Salud

Aunque ahora te sientas invencible, la vida tiene momentos imprevisibles, y tener un seguro médico puede marcar un mundo de diferencia, sobre todo cuando ocurre algo malo. Pero no es solo para las emergencias; también es para las revisiones periódicas, la atención preventiva y la tranquilidad.

Independientemente del médico que necesites, necesitarás tu tarjeta de seguro médico.

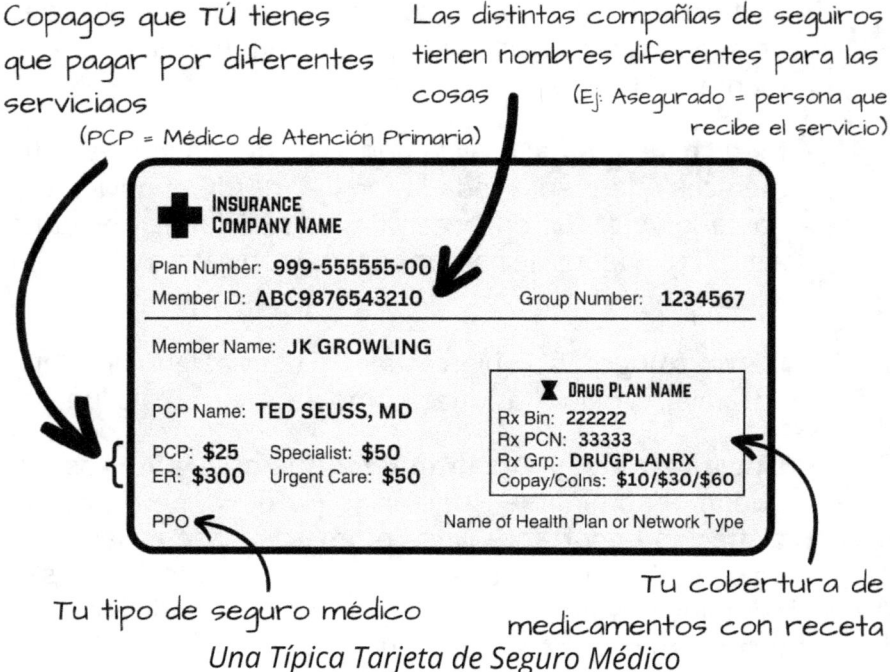

Copagos que Tú tienes que pagar por diferentes serviciaos
(PCP = Médico de Atención Primaria)

Las distintas compañias de seguiros tienen nombres diferentes para las cosas
(Ej: Asegurado = persona que recibe el servicio)

Tu tipo de seguro médico

Tu cobertura de medicamentos con receta

Una Típica Tarjeta de Seguro Médico

Hay muchos tipos diferentes de planes de seguro médico, por lo que es buena idea familiarizarse con ellos ahora, antes de que seas responsable de encontrar el tuyo propio. Pregunta a tus padres qué tipo de seguro tienen para ti, y habla de tus opciones para cuando dejes de estar cubierto por su plan. Entender cómo funciona el seguro médico puede ser complicado, pero conocer los términos clave puede ayudar a simplificar las cosas.

Tipos de seguro médico

Hay una gran variedad de tipos de seguro médico, pero aquí tienes los más comunes:

- **Organizaciones para el Mantenimiento de la Salud (HMO):** Uno de los tipos de seguro médico más económicos, pero también uno de los menos flexibles. Estos planes limitan la cobertura a los médicos que trabajan para o con la HMO. Por lo general, no cubren la asistencia fuera de la red, salvo en caso de urgencia. Una HMO puede exigir que vivas o trabajes en su área de servicio para tener derecho a la cobertura.

- **Organizaciones de Proveedores Preferentes (PPO):** Este plan ofrece la mayor libertad, pero suele tener las cuotas más elevadas. Estos planes contratan a proveedores médicos, como hospitales y médicos, para crear una red de proveedores participantes. Pagas menos si utilizas proveedores de la red del plan. Puedes recurrir a médicos, hospitales y proveedores fuera de la red por un costo adicional.

- **Organizaciones de Proveedores Exclusivos (EPO):** Son muy parecidas a las PPO, pero puede que no cubran la asistencia fuera de su red, salvo en caso de urgencia.

Cómo Entender los Términos del Seguro Médico

El seguro de salud tiene su propio lenguaje. Una vez que lo entiendas, las cosas serán mucho menos confusas. He aquí algunos términos clave:

Premium (prima): Es el costo mensual que pagas por tener un seguro de salud, lo utilices o no.

Co-Pago: Un co-pago es una cantidad específica que pagarás cada vez que tengas un gasto médico, y la compañía de seguros paga el resto de la factura de ese servicio médico.

Deducible: Es la cantidad que debes pagar de tu bolsillo por los servicios médicos cubiertos en el plazo de un año antes de que tu compañía de seguros empiece a cubrir los gastos. Por ejemplo, si tu póliza tiene un deducible de $2,000, serás responsable de los primeros $2,000 de tus gastos médicos cubiertos cada año. Después, tu compañía de seguros empezará a contribuir en función de las condiciones de tu póliza.

Máximo de Gastos de Tu Bolsillo: Es lo máximo que pagarás anualmente por los servicios cubiertos. Una vez alcanzado este límite, tu seguro pagará el 100% de las prestaciones cubiertas.

Reembolso: Algunas compañías de seguros exigen que pagues primero los servicios, y luego te reembolsan el dinero cuando presentas una *reclamación.*

ID de Grupo, ID de Afiliado, Asegurado: El número de identificación de grupo identifica el plan de la empresa en el que estás asegurado. El número de identificación de afiliado te identifica a ti. El Asegurado Principal es la persona titular de la póliza, como tus padres.

Proveedor: Se refiere a los proveedores de servicios médicos, es decir, médicos, hospitales, clínicas, técnicos de rayos X, laboratorios de análisis, etc.

Médico de Atención Primaria (PCP): Este es tu médico de cabecera, que debe recomendarte a un especialista. Un especialista es un experto en un campo concreto de la medicina, como un dermatólogo o un oftalmólogo.

Recomendaciones y Autorizaciones Previas: Cuando necesitas ver a un especialista, casi siempre necesitas que tu médico de atención primaria te escriba una recomendación. Una autorización previa es cuando la compañía de seguros tiene que aprobar un tratamiento antes de pagarlo.

Receta Médica: Nota escrita por un médico que autoriza a un paciente a recibir un medicamento o tratamiento. La llevas a tu farmacia (o "la llamas por teléfono") para que te la "surtan".

Explicación de Beneficios (EOB): Se trata de una declaración que tu compañía de seguros envía por correo y que muestra qué tratamientos o servicios recibiste, los importes facturados por el proveedor, cuánto cubrió o no el seguro y de cuánto eres responsable. Hay que guardarlos en un archivo por si hay que presentarlos más adelante.

		Explanation of Benefits
INSURANCE COMPANY NAME		This Is Not a Bill

Patient Name: JK GROWLING
Place of Service: Outpatient
Date Received: 10/31/2024

Member ID: ABC9876543210
Group Number: 1234567

Claim Number: XX888888888888
Type of Service: Medical
Date Processed: 11/30/2024

Provider: Hogsmeld Hospital
Provider ID: HP1234567

					Patient Responsibility			
Date of Service	Description of Service	Amount Billed	Other Insurance Paid	Your Plan Paid	Deductible	Co-Insurance	Co-Pay	Amount You Owe
10/31/2024	Emergency	$$$$$$$$	$0	$$$$$$$$	$$$	$$$	$$$	$$$
10/31/2024	X-ray	$$$$$$$$	$0	$$$$$$$$	$$$	$$$	$$$	$$$
Claim Total		$$$$$$$$	$0	$$$$$$$$	$$$	$$$	$$$	$$$

Ejemplo de Explicación de Beneficios

Dentro de la Red vs. Fuera de la Red: Las compañías de seguros suelen tener contratos con determinados proveedores de tu zona, que te ofrecerán tarifas reducidas por sus servicios. Son los llamados *proveedores dentro de la red*. Elegir un proveedor que no esté en esa lista significa que tendrás que pagar el precio completo. Se llaman *proveedores fuera de la red*. Procura no utilizar proveedores fuera de la red a menos que será necesario. Puede resultar MUY caro.

La importancia del seguro de salud

Dejemos una cosa bien clara: **tú DEBES tener un seguro médico**.

Sin seguro médico, cada visita al médico, caída accidental o enfermedad grave te costará todo el tratamiento. La medicina, la terapia o los gastos médicos, como las estancias en el hospital, pueden acumularse *muy rápidamente*.

Si tus padres no tienen seguro médico o no pueden costeárselo, aún tienes opciones:

1. **Medicaid:** Este programa estatal y federal proporciona cobertura médica si tienes unos ingresos muy bajos. La edad máxima a la que puedes estar cubierto y los servicios prestados pueden variar según el estado.

2. **CHIP (Programa de Seguro Médico Infantil):** Este programa está pensado para las familias que ganan demasiado para tener derecho a Medicaid, pero que no pueden pagar un seguro privado. Cubre a los niños hasta los 19 años.

3. **Seguro Médico para Catástrofes:** Podrías tener derecho a él si tienes menos de 30 años. Es un tipo de seguro médico con cuotas mensuales más bajas pero un deducible elevado, diseñado para cubrir los peores casos.

4. **Seguro escolar:** Algunas universidades ofrecen seguros médicos de bajo coste a los estudiantes. Si vas a ir a la universidad o ya estás en ella, revisa si es una opción.

5. **Departamentos de Salud o Clínicas locales:** A menudo ofrecen atención médica gratuita o de bajo costo. También podrían conocer programas de salud locales que puedan ayudarte.

6. **Trabajo a tiempo parcial con prestaciones:** Algunos empleadores ofrecen prestaciones de seguro médico incluso para puestos a tiempo parcial.

El seguro médico no es solo para tratar problemas médicos después de que ocurra algo. También sirve para prevenir. Sin seguro, todos esos chequeos de los que hemos hablado antes pueden resultar demasiado caros.

Y hablando de prevención...

¡HABLEMOS DE SEXO!

¡No te asustes! Esta no es una sección sobre el aparato reproductor o la mecánica del sexo. Es una sección sobre cómo abordar el sexo y las posibles consecuencias de la actividad sexual desde una perspectiva madura y sin rodeos.

Abstinencia

Muchas personas deciden no mantener relaciones sexuales por diversos motivos. El sexo cambia una relación, a veces para mejor y a veces para peor. Compartir tu cuerpo con otra persona es algo muy íntimo, y no todo el mundo está preparado para ello a una edad temprana. Algunas personas deciden abstenerse por motivos religiosos o culturales. Otras simplemente porque no están preparadas o no quieren hacerlo.

No necesitas justificar tu decisión ante nadie. Tu cuerpo es solo tuyo, y tú controlas lo que haces con él. Las conversaciones abiertas y sinceras con tu pareja sobre tus expectativas son vitales para evitar malentendidos. Tu pareja nunca debe presionarte para que hagas algo con lo que te sientas incómodo(a).

Si vas a tener relaciones sexuales

La decisión de tener relaciones sexuales es un paso muy importante que no debe tomarse a la ligera. Tu edad, la edad de tu pareja, las opiniones de tu familia, tu cultura, tu religión... la lista de factores que entran en juego es interminable. Lo ideal es que lo hables con un adulto de confianza. Y si tienes alguna duda al respecto, probablemente sea señal de que aún no es tu momento. No te precipites. ¡Tienes tiempo de sobra!

Pero si estás decidido(a) a seguir adelante, **este libro no puede impedírtelo**; así que es mejor que te proporcione información que puedas utilizar para protegerte a ti mismo(a). Es absolutamente esencial que sepas cómo evitar las *enfermedades de transmisión sexual (STD*, por sus siglas en inglés) o las *infecciones de transmisión sexual (STI*, por sus siglas en inglés) y que comprendas cómo funcionan los métodos anticonceptivos para evitar embarazos no deseados. El conocimiento es poder, y tanto los hombres como las mujeres deben estar bien informados antes de dar ese gran paso.

Antes de que hagas nada...

- **Los métodos anticonceptivos no son negociables**: El control de la natalidad, o los anticonceptivos, es responsabilidad de ambos miembros de la pareja y no debe recaer solo en uno de ellos. Hablar de la historia sexual, del tipo de protección que se va a utilizar y de quién se encargará de conseguir el dispositivo protector, son los aspectos esenciales y no sexistas de una relación sexual madura. También deben hablar de qué ocurrirá si se produce un embarazo.

- **Pruebas**: Hacerse la prueba de las enfermedades de transmisión sexual antes de mantener relaciones sexuales es crucial. Una pareja comprensiva querrá asegurarse de que ambos estén protegidos. Algunas enfermedades, como el VPH, pueden transmitirse de forma no sexual, por lo que puedes infectarte sin haber tenido nunca relaciones sexuales. Conocer tu estado de salud y el de tu pareja antes de intimar es esencial.

STDs y STIs

La terminología puede cambiar de *STD (enfermedades de transmisión sexual)* a *STI (infecciones de transmisión sexual)*, pero lo básico sigue siendo lo mismo. Las relaciones sexuales pueden acarrear consecuencias no deseadas en forma de enfermedades e infecciones. Las STIs se transmiten de pareja a pareja a través del contacto sexual. Si tienes relaciones sexuales y te preocupa haberte expuesto a una STI, no lo dudes. Pide cita con un médico y hazte las pruebas. Muchas son tratables, y puedes evitar consecuencias duraderas si se detectan y se tratan de forma temprana.

La mitad de las STD y las STIs en Estados Unidos se diagnostican en personas de entre 15 y 24 años. Tampoco tienes que "acostarte con todo el mundo" para estar en riesgo; con una sola exposición basta para contagiarte. Toma las siguientes precauciones para reducir el riesgo.

- **Abstinencia:** Es la única forma de evitar completamente las infecciones de transmisión sexual.

- **Protección**: Los condones son una forma de control de la natalidad, pero también son el único anticonceptivo que te protege de las STIs. En la siguiente sección trataremos en detalle los distintos tipos de anticonceptivos.

- **Hazte la Prueba**: Hazte la prueba antes de tener relaciones sexuales con una pareja por primera vez, y después hazte la prueba regularmente una vez que tengas relaciones sexuales. Ser monógamo con una persona puede reducir el riesgo, pero si tú o tu pareja mantienen relaciones sexuales fuera de la relación, puede poner en riesgo a la otra pareja.

- **Exámenes de Salud**: Las pruebas forman parte de la salud sexual, pero también lo son los chequeos regulares de salud sexual que cubren tanto el aspecto físico como el emocional de tu vida sexual. Supongamos que estás teniendo relaciones sexuales pero te sientes incómodo, asustado, triste o preocupado de algún modo. En ese caso, un profesional de la salud sexual puede ayudarte a descubrir qué está pasando realmente. Empieza con una conversación con tu médico de familia.

Anticonceptivos (es decir, control de la natalidad)

¡Importante! Muchos métodos anticonceptivos son eficaces para evitar el embarazo, pero TODOS deben utilizarse con preservativos para protegerte contra las enfermedades y las infecciones de transmisión sexual. Asegúrate de consultar a tu médico para determinar cuál es el mejor método para tu situación.

Condones, También Conocidos Como "de Goma": Los preservativos masculinos los llevan los hombres en el pene durante el coito. Los preservativos femeninos se introducen en la vagina con anticipación. Estos son los únicos que te protegen TANTO del embarazo como de las STIs.

Implantes Anticonceptivos: Se trata de un pequeño dispositivo que se implanta en la piel de la parte superior del brazo de las mujeres. Contiene una *hormona progestina* que impide que el ovario libere óvulos. Dura de tres a cinco años antes de que necesite ser sustituido.

DIU: Pequeño dispositivo, con o sin hormona, que un profesional médico introduce en el útero de la mujer. Según el tipo, no tiene que sustituirse durante muchos años y puede aligerar los periodos menstruales.

Anticonceptivos Hormonales: Pueden presentarse en varias formas, como parche, píldora o anillo. Tienen la ventaja añadida de hacer que tu menstruación sea más ligera y regular.

Inyección de Progestágeno: Una inyección que impide que los ovarios liberen óvulos durante tres meses. Requiere una visita al médico para una inyección cada tres meses. Puede provocar un aumento de peso y afectar a la densidad ósea si se utiliza durante periodos prolongados.

Anillo o Parche Vaginal Anticonceptivo: El anillo de estrógeno y progestágeno se introduce en la vagina para impedir que los ovarios liberen un óvulo. Permanece colocado durante tres semanas y luego se retira durante una semana para permitir el periodo menstrual. El parche funciona de forma similar, pero se coloca sobre la piel, no en la vagina.

Geles y Espermicidas: Gel o crema que dificulta la natación de los espermatozoides, ofreciendo cierta protección contra el embarazo. Debe utilizarse con otros dispositivos anticonceptivos descritos anteriormente, *no* por sí solo.

Es importante recordar que, incluso después de tomar precauciones, ninguno de estos métodos -excepto la abstinencia- es eficaz el 100% de las veces. Por tanto, las mujeres necesitan prestar mucha atención a su cuerpo después de tener relaciones sexuales para detectar cualquier signo de cambio.

Embarazo

Si tienes relaciones sexuales sin protección, se te ha roto el preservativo o tienes motivos para creer que el método anticonceptivo que has elegido ha fallado, en algunos estados, la "píldora del día después", que impide que el óvulo fecundado se implante, puede adquirirse sin receta en tu farmacia local. Para que sea eficaz, es importante tomarla lo antes posible después del coito. Ten en cuenta que NO debe utilizarse como método anticonceptivo habitual porque no es tan eficaz como otros métodos y tiene posibles efectos secundarios. **Asegúrate de consultar con anticipación a tu médico o ginecólogo sobre este método anticonceptivo concreto para obtener información y orientación de forma fiable y profesional.**

La ausencia del periodo menstrual suele ser el primer signo de embarazo. Otros síntomas físicos pueden tardar mucho más en aparecer. Si sospechas que estás embarazada, no lo ignores y esperes que desaparezca. Cuanto antes lo sepas con seguridad, más opciones tendrás. Actúa inmediatamente y hazte la prueba. En tu farmacia encontrarás pruebas de embarazo caseras.

¿Qué haces si tú o tu pareja se queda embarazada? Dependiendo de dónde vivas, tienes diferentes opciones. El primer paso es hablar con tus padres o tutores. Necesitan saberlo. El siguiente paso es encontrar un profesional de salud adecuado, es decir, un ginecólogo, para que les ayude con los siguientes pasos que elijan.

Opciones para el embarazo

Si tú o tu pareja queda embarazada, básicamente hay tres opciones para ustedes.

La Paternidad: Pueden tener y criar al niño ustedes mismos. Recibir los cuidados prenatales correctos (atención a la persona embarazada y al bebé por nacer) es clave para ayudar a asegurar un embarazo y un parto seguros y sanos.

La Adopción: Otra opción es llevar un bebé a término y luego darlo en adopción a otra familia. Un profesional médico puede remitirte a los recursos adecuados en función de dónde vivas para iniciar el proceso.

El Aborto: Dependiendo de dónde vivas, el aborto puede ser una opción. Poner fin a un embarazo puede ser una experiencia traumática, pero un profesional médico puede ayudarte.

Enfrentarse a un embarazo no planificado puede ser abrumador. La madre embarazada se ve obligada a tomar una decisión que le cambiará la vida y le afectará para el resto de su vida, y necesitará todo el apoyo posible, independientemente de su elección. Pedir consejo a expertos médicos y confiar en los padres o en una persona de confianza marcará la diferencia en un momento tan estresante.

Los asuntos médicos pueden parecer serios ahora, pero ocuparse de ellos temprano te prepara para una vida adolescente más sana y más allá. Utiliza lo que has aprendido aquí para asumir el control y mantenerte al tanto de tu bienestar.

3

La Importancia de la Mente

Cuidando Tu Salud Mental

¿ Navegando por el laberinto de las emociones, los pensamientos y los sentimientos? ¡No estás solo! La salud mental, a menudo tratada como un tema reservado, es tan importante como ese entrenamiento diario o esa manzana al día; ¡tengamos una conversación abierta sobre ello, pues tu bienestar mental merece la misma atención y cuidado que tu salud física!

En primer lugar, aclaremos qué es realmente la salud mental. Contrariamente a lo que algunos puedan pensar, la salud mental no se refiere sólo a enfermedades o trastornos mentales. Es mucho más amplia que eso. Se trata de cómo pensamos, sentimos y nos comportamos en general. Influye en cómo manejamos el estrés, nos relacionamos con los demás y tomamos decisiones. En otras palabras, es parte integrante de nuestra vida cotidiana.

COMPRENDER Y MANEJAR LAS EMOCIONES

El EQ (*Coeficiente de Inteligencia Emocional*) es como el IQ (*Coeficiente de Inteligencia*) pero para los sentimientos. Es una forma de evaluar tu capacidad para reconocer y controlar tus propias emociones y para reconocer las emociones en los demás, incluido el impacto que tu comportamiento tiene en los que te rodean.

El proceso de medir tu Inteligencia Emocional es más complicado que el Coeficiente Intelectual, y en realidad no es importante. El concepto de Inteligencia Emocional es útil cuando lo tienes en cuenta como marco para evaluar cómo te va en el terreno de las emociones. Hay cuatro áreas de la inteligencia emocional que todo el mundo debería intentar mejorar:

Autoconciencia: Nombrar con precisión tus emociones es el primer paso para controlarlas. Muchas personas creen que están enojadas cuando en realidad están frustradas, decepcionadas o abrumadas. Identificar las emociones complejas puede mejorar tu Inteligencia Emocional y ayudarte a comprender mejor tus puntos fuertes y tus limitaciones.

Auto-Administración: Se refiere al autocontrol. No siempre podemos controlar las emociones que surgen en distintas situaciones, pero podemos aprender a responder adecuadamente. Tú puedes controlar tus respuestas.

Conciencia Social: No se trata de ti, sino de cómo ser consciente de las necesidades de los demás. ¿Eres siempre el último en darte cuenta cuando alguien está molesto contigo? Ser consciente de los sentimientos de los demás y mostrar empatía es una buena forma de aumentar tu Inteligencia Emocional.

Manejo de las Relaciones: Las personas con una Inteligencia Emocional alta trabajan sus habilidades sociales para influir positivamente en todo tipo de relaciones. Los que tienen grandes habilidades sociales saben cómo manejar las relaciones con amigos, padres, hermanos, maestros, entrenadores u otros miembros de la comunidad. (Hablaremos más de esto en el próximo capítulo).

Factores desencadenantes emocionales

Los provocadores emocionales son cosas como personas, lugares o situaciones que para otras personas no son gran cosa, pero que a ti te provocan una emoción negativa y a menudo fuerte, debido a una experiencia pasada o a un miedo irracional.

Hay tres categorías de desencadenantes:

1. *Detonantes de la Ansiedad:* Estos pueden hacerte sentir pánico, aparentemente de la nada.

2. *Detonantes del Trauma:* Es cuando algo en el presente

te recuerda algo traumático que ocurrió en el pasado, haciendo que intentes evitarlo.

3. **Detonantes del Coraje:** Estos desencadenantes pueden llenarte de una rabia repentina difícil de controlar.

Los estímulos desencadenantes emocionales varían de una persona a otra. Las reacciones físicas habituales a los desencadenantes emocionales son: dolor en el pecho, aceleración del ritmo cardiaco, temblores, mareos, sudoración y náuseas.

Cómo afrontar los desencadenantes emocionales

Cuando algo te provoque, haz una pausa y reflexiona sobre lo que acaba de ocurrir y tu reacción ante ello. No escondas tus sentimientos debajo de la alfombra; en lugar de eso, profundiza para reconocer patrones que revelen tus factores detonantes.

No pasa nada si experimentas estas emociones; date un respiro para procesarlas. Hacerlo te permitirá ver las cosas con más claridad y elegir una forma mejor de calmarte.

¿Te cuesta identificar los desencadenantes o manejar tus reacciones? Considera la posibilidad de ir a terapia. Es un espacio valioso para desempacar emociones y equiparte con herramientas de superación.

PATH: Una Forma de Manejar las Emociones

La Asociación de Salud Mental tiene un proceso de cuatro pasos llamado "PATH" para ayudar a gestionar las emociones de manera saludable.

Pause – Haz una pausa: Aprende a reaccionar lentamente. Respira hondo, cuenta hasta 100 o incluso discúlpate para ir al lavabo unos minutos antes de reaccionar.

Acknowledge – Reconoce: Reconoce tus sentimientos y que son válidos. Permítete sentir las emociones sin sentir la necesidad de reaccionar inmediatamente.

Think – **Piensa:** Piensa antes de actuar para no hacer por impulso cosas que puedan ser perjudiciales. Piensa en algunas cosas que puedes hacer para sentirte mejor.

Help – **Ayuda:** Actúa para ayudarte a ti mismo. Considera pasos de una de las siguientes categorías:

Potenciadores del estado de ánimo	Son acciones que te hacen sentir mejor, como ver una película o llamar a un amigo.
Autocuidado	A veces descuidamos nuestras necesidades básicas cuando nos sentimos mal. Tómate un vaso de agua y un tentempié, date una ducha o descansa un poco.
Deja salir tus sentimientos	Desahogar tus emociones uede ser terapéutico. Escribe tus sentimientos, golpea una almohada o incluso llora en voz alta.
Resuelve los problemas	Piensa en formas de evitar sentirte así por lo mismo en el futuro.

Cuando las Emociones Se Salen de Control

Manejar las emociones puede ser complicado. A veces, podemos esquivarlas o arremeter contra ellas, lo que puede acarrearnos problemas— si no ahora, a largo plazo. Si no tenemos buenos ejemplos de cómo hacer frente a los sentimientos, es fácil desarrollar hábitos perjudiciales. Cuidado con estas formas negativas de afrontarlos:

- **Negación:** Fingir que tu emoción no existe para no tener que enfrentarte a ella.

- **Alejamiento:** Empiezas a apartarte de la gente y de las actividades que te gustan porque quieres evitar algo por completo, lo que te lleva a aislarte más a menudo.

- *Bullying*: El dicho "La gente herida hiere a la gente" es muy exacto. Las personas que se sienten bien consigo mismas no suelen tener comportamientos de acoso.

- **Autolesión:** Otras personas vuelcan su rabia hacia dentro y buscan desesperadamente un desahogo. La autolesión –como cortarse uno mismo– puede ser a veces una forma de adormecer temporalmente el dolor mental, permitiéndote así concentrarte en el dolor físico. Si te autolesionas, por favor, habla inmediatamente con un adulto de confianza.

Estas formas perjudiciales de manejar las emociones están por todas partes, pero no son soluciones reales a nada. Ayúdate a ti mismo a salir de ellas. Busca ayuda.

LOS PENSAMIENTOS NEGATIVOS: ¿Tienes ANTs?

Los Pensamientos Negativos Automáticos, a menudo llamados "*ANTs*" (por sus siglas en inglés), son esos pensamientos molestos y espontáneos que surgen en tu mente y te hacen sentir mal contigo mismo o con tu situación. Un *ANT* es como un pequeño bicho que susurra cosas como: "No puedes hacerlo", "No eres lo bastante bueno" o "¿Y si pasa algo malo?".

Estos pensamientos se producen automáticamente, a menudo sin que te des cuenta, y pueden deprimirte mucho. Al igual que intentamos aplastar los insectos molestos, es útil reconocer y aplastar estos *ANTs* para mantener una perspectiva positiva y realista.

La mayoría de las ANTs pertenecen a una o varias categorías:

1. **Pensar en el "Siempre" ("Generalización Excesiva"):** Sacar conclusiones generales basadas en un único evento o prueba. *Ej.:* Metes la pata en una cosa y piensas: *"¡Siempre meto la pata en todo!"*.

2. **Enfocarse en lo Negativo (Filtrado Negativo):** Centrarse en lo malo y filtrar lo bueno. *Ej:* A pesar de todos los halagos, dejas que una crítica te arruine el día.

3. **Catastrofismo (Predecir lo Peor):** Creer que ocurrirá el peor resultado posible. *Ej.:* " *Perdí una llamada telefónica; debe de haber ocurrido algo terrible*".

4. **Leer la Mente:** Asumir que sabes lo que piensan los demás, normalmente negativo, sin pruebas. *Ej:* "*No me han*

saludado, así que deben de estar enojados conmigo".

5. **Pensar con los Sentimientos:** Creer que algo es cierto solo porque así lo sientes. *Ej: "Me siento inútil, así que debo de serlo*".

6. **Culpabilizarse (Utilizar "debería", "debo" o " tengo que"):** Imponerte normas poco realistas a ti mismo o a los demás. *Ej: "Debería estar siempre al tanto de todo*".

7. **Etiquetar:** Atribuirte a ti mismo o a los demás una etiqueta negativa basada en un incidente. *Ej: "Olvidé su nombre; soy un inútil*".

8. **Personalización:** Creer que eres la causa de eventos externos o tomarte las cosas como algo personal. *Ej: "Mis amigos están molestos; debe ser por algo que hice*".

9. **Culpabilizar:** Echar la culpa a los demás evitando la responsabilidad personal o viceversa. *Ej: "No me ha ido bien porque mi maestro me odia*".

Entonces, ¿qué haces con tus ANTs? Reconocerlas es el primer paso. Una vez que las identifiques, puedes cuestionar su exactitud, sustituirlas por pensamientos más positivos o realistas, o comentarlas con alguien en quien confíes. Esto reducirá el estrés, la ansiedad y la negatividad en tu vida diaria; y si sigues practicando, se convertirá en algo natural para ti.

MANEJO DEL ESTRÉS

La vida de adolescente puede ser un torbellino. Un poco de estrés es normal e incluso puede ser motivador, pero demasiado estrés durante mucho tiempo puede afectar seriamente a tu salud. Unas técnicas eficaces de control del estrés pueden ayudarte a afrontarlo y a mantener una buena salud mental Y física.

Diversos Factores de Estrés

- *Presión académica:* las altas expectativas, los exámenes y las tareas escolares pueden aumentar el estrés.

- *Presión social:* La presión de los compañeros, el *bullying* y la necesidad de encajar pueden estresarte.

- *Problemas familiares:* Los conflictos en casa o los cambios importantes en la vida pueden agobiarte.

- *Desafíos personales:* Los problemas de pareja, las preocupaciones por la imagen corporal y la exploración de la identidad pueden ser una montaña rusa.

- *Preocupaciones económicas:* Los asuntos de dinero pueden estresar a cualquiera, sobre todo cuando hay que hacer malabarismos con los estudios al mismo tiempo.

- *Seguridad y protección:* Vivir en un ambiente inseguro o en un hogar afectado por abusos físicos, sexuales o psicológicos, o en el que se abuse de sustancias, puede aumentar mucho los niveles de estrés.

Cómo manejar el estrés

- **Toma el control:** Si puedes, intenta eliminar o reducir las cosas que te causan estrés. Algunos factores estresantes pueden controlarse o eliminarse con un poco de esfuerzo. Pero si el factor estresante escapa a tu control, no te estreses. Reconócelo y pasa a las cosas que puedes controlar.

- **Administración del tiempo:** Aprender a utilizar listas de tareas pendientes y a programar tareas para la escuela, la casa, los amigos y las actividades extraescolares puede hacer que todo sea más manejable. (Más adelante trataremos la administración del tiempo con mucho más detalle).

- **Técnicas de relajación:** Los ejercicios de respiración profunda, la meditación o dedicarse a pasatiempos pueden ayudar a reducir el estrés. Prueba esto: Siéntate cómodamente. Coloca una mano sobre el vientre y la otra sobre el pecho. Inhala lenta y profundamente por la nariz, sintiendo cómo se eleva el vientre. Mantén la respiración un momento y luego exhala lentamente por la boca, sintiendo cómo baja el vientre. Intenta que la exhalación sea más larga que la inhalación. Repítelo hasta que te sientas relajado.

- **Actividad física:** El ejercicio regular libera endorfinas, mejorando el estado de ánimo y reduciendo los niveles de estrés. (¡Otra buena razón para hacer tus 60 minutos al día!)

- **Elecciones de estilo de vida saludable:** Llevar una dieta balanceada, dormir lo suficiente y evitar las sustancias nocivas te ayudará a mantenerte sin estrés.

- **Busca ayuda:** No dudes en buscar ayuda si el estrés empieza a apoderarse de tu vida. Habla con adultos de confianza, como tus padres, maestros o consejeros escolares. La ayuda profesional de terapeutas especializados en salud mental adolescente puede ser un enorme cambio de juego.

Técnicas de *Mindfulness* (Atención Plena)

¿Alguna vez te has encontrado a ti mismo todo alterado por algo que aún no ha ocurrido? ¿O tal vez repitiendo en tu cabeza una y otra vez una escena incómoda que sucedió en el pasado? Eso es porque no estás viviendo el presente. Ahí es donde entra en juego la atención plena *(Mindfulness)*. La idea es mantenerte enraizado en el momento presente.

La atención plena consiste en centrarse en el aquí y el ahora. Se trata de dedicarte plenamente a lo que estés haciendo sin dejarte atrapar por remordimientos pasados o preocupaciones futuras. Una forma de practicar la atención plena es la *meditación*. Incluso unos minutos al día pueden marcar la diferencia. También puedes practicar la atención plena a lo largo del día concentrándote en tu respiración, prestando atención a tus sentidos o simplemente tomándote un momento para hacer una pausa y observar tu entorno.

Este concepto —o variaciones del mismo— existe desde hace siglos en distintos países de todo el mundo. Al principio puede sonar a *abracadabra*, pero hay algo en él que parece funcionar para mucha gente cuando se trata de calmar los nervios y cuidar la salud mental. ¡Inténtalo!

PROBLEMAS COMUNES DE SALUD MENTAL

Cuando las cosas se ponen realmente intensas, los problemas pueden manifestarse en forma de trastornos y enfermedades. Las tres categorías principales son:

- *Trastornos de Ansiedad:* ¿Conoces esa sacudida de adrenalina que sientes cuando estás a punto de dar un discurso o subirte a una montaña rusa? Eso es ansiedad, y es una función normal de los nervios. Pero para algunas personas, esta ansiedad no desaparece y puede empeorar con el tiempo. Esto puede interferir en las actividades cotidianas y puede indicar un trastorno de ansiedad.

- *Trastornos del Estado de Ánimo:* Pueden incluir sentimientos continuos de tristeza, episodios de intensa felicidad u oscilaciones entre la felicidad extrema y la tristeza profunda. La depresión y el trastorno bipolar entran en esta categoría.

- *Trastornos Alimentarios:* Implican emociones intensas, actitudes y comportamientos inusuales relacionados con el peso y la comida. La anorexia nerviosa, la bulimia nerviosa y el trastorno de comer compulsivamente son los trastornos alimentarios más frecuentes.

Recuerda que los problemas de salud mental no son defectos de carácter ni signos de debilidad. Son afecciones médicas, como la diabetes o el asma, y pueden afectar a cualquiera, independientemente de su edad, sexo u origen. Si crees que padeces alguna de estas enfermedades, no lo dudes. Busca ayuda profesional.

Cómo Afrontar la Ansiedad y la Depresión

¿Cuáles son los síntomas?

Todo el mundo se siente triste o deprimido de vez en cuando, o se preocupa por un evento de mucha importancia, como un examen. Pero cuando la tristeza o la ansiedad persisten y empiezan a interferir en tu vida cotidiana, es hora de prestar atención. He aquí algunas señales de alarma en las que debes fijarte:

- Tristeza general o desesperanza que dura más de un día o dos — o que no está relacionada con nada concreto.

- Pérdida de interés por actividades que antes te gustaban.

- Cambios en el apetito o el peso. Algunas personas con depresión o ansiedad sienten hambre más frecuentemente, mientras que otras pueden no querer comer mucho.

- Cambios en el sueño. Puede que de repente quieras dormir todo el día y te dé pánico levantarte de la cama. Por otra parte, puedes tener problemas para conciliar el sueño o para permanecer dormido.

- Cansancio o falta de energía, incluso después de una buena noche de sueño.

- Dificultad para concentrarte o tomar decisiones.

- Irritabilidad — te enfadas o molestas con facilidad.

- Autolesiones o pensamientos suicidas.

Estrategias para Hacer Frente a la Situación

Muchas estrategias de afrontamiento de los niveles leves de ansiedad y depresión son las mismas que las de afrontamiento del estrés, ya que todas están relacionadas. Es importante abordar la depresión lo antes posible para que no se descontrole y desemboque en autolesiones o pensamientos suicidas.

No tienes que hacerlo solo(a). No te avergüences de pedir ayuda. Los profesionales de la salud mental pueden proporcionarte un diagnóstico adecuado, terapia y, si es necesario, medicamentos.

Los mejores lugares para pedir ayuda:

- Cuéntaselo a tus padres, un amigo, el consejero escolar, un maestro, un entrenador u otro adulto de confianza.

- Habla con tu médico de familia.

- Línea de ayuda de la SAMHSA (Administración de Servicios de Salud Mental y Abuso de Sustancias): 1-800-662-HELP (4357)

- Línea Nacional de Prevención del Suicidio: 1-800-273-TALK (8255)

- La Línea de Vida de Trevor: 1-866-488-7386

- Servicios de Texto/Chat de Trevor Lifeline, disponibles 24 horas al día, 7 días a la semana Envía el texto "TREVOR" al 678-678

- Línea de crisis por mensaje de texto: Envía TALK al 741-741

Estrategias de Afrontamiento que Debes Evitar: Drogas y Alcohol

Las drogas y el alcohol pueden ser tentadoras válvulas de escape cuando todo resulta demasiado. Alterar tu estado mental sobrio para huir del dolor emocional es una solución a corto plazo que en realidad no arregla nada. Para superar tus emociones, necesitas estar sobrio. No puedes huir de la ansiedad o la depresión para siempre; el consumo de sustancias a largo plazo conduce a la adicción, empeorando todos los problemas que ya tienes.

Los estudios demuestran que cuando los adolescentes tienen un trastorno mental que no recibe tratamiento, aproximadamente el 50% de las veces acaban padeciendo también un trastorno por abuso de sustancias. El mayor problema de las drogas ilegales es que **tú nunca sabes lo que estás consumiendo ni cómo reaccionará tu cuerpo**. Muchas drogas ilegales contienen el mortal fentanilo, por ejemplo, para hacerlas más baratas y adictivas, pero *no tienes* forma de saberlo.

Además, algunas personas son más propensas a desarrollar adicciones que otras, de modo que mientras una persona puede manejar una droga concreta de forma recreativa, otra puede desarrollar una adicción a esa droga <u>después de probarla una sola vez</u>. No juegues a la ruleta rusa con las drogas fuertes. Es una apuesta que sales perdiendo.

Permíteme repetírtelo, tu salud mental es tan importante como tu salud física. Es una pieza clave de tu bienestar y merece tu atención y cuidado. No estás solo en este viaje; hay recursos y personas dispuestas a apoyarte.

4

Relaciones y Comunicación

El Mundo Más Allá de Ti Mismo

D espués de haber aprendido a cuidar bien de ti mismo, tanto en lo que respecta a tu salud física como mental, ya estás preparado para relacionarte con el mundo más allá de tu espacio personal. Las relaciones son el siguiente gran paso. Se trata de conectar con los demás, compartir experiencias y comprender diferentes perspectivas.

Pero establecer relaciones es sólo el principio – la comunicación es clave para que funcionen. A medida que interactúas con más personas, desde amigos íntimos hasta la comunidad en general, la capacidad de comunicarte de forma efectiva es cada vez más importante.

Exploremos cómo establecer relaciones sólidas y comunicarnos eficazmente, ampliando tu mundo conversación a conversación.

RELACIONES: Construyendo vínculos duraderos

La vida es como un rompecabezas, y las relaciones son las piezas que lo completan. Añaden profundidad y significado, pero no siempre es fácil encajarlas a la perfección.

Tipos de Relaciones

Las relaciones se presentan de muchas formas, cada una con su propio conjunto de alegrías y retos. Hay...

Relaciones familiares, incluidos los lazos con tus padres, hermanos y otros miembros de tu familia. A veces son nuestras primeras relaciones y desempeñan un papel importante en la formación de nuestros valores, creencias y comportamientos.

Amistades que florecen del afecto mutuo y de las aventuras que comparten. Estos lazos son como los bonos extras de la vida: añaden diversión, te ofrecen un hombro en los momentos difíciles y te dan esa increíble sensación de pertenencia. A través de los altibajos, los amigos se convierten en tu ancla, recordándote que se te valora y que nunca estás verdaderamente solo.

Relaciones románticas, que implican una conexión emocional más profunda y, a menudo, física. Pueden aportar una sensación de compañía, amor e intimidad.

Luego están los **conocidos** y las *relaciones profesionales.* Incluyen las relaciones que tenemos con nuestros compañeros de clase, maestros, mentores, entrenadores, jefes o colegas. Pueden ofrecer oportunidades de aprendizaje, crecimiento y avance profesional.

Confianza y Respeto: Las Piedras Angulares de Cualquier Relación

En cualquier relación, ya sea con amigos, familia o pareja, hay dos cosas que destacan como no negociables: la confianza y el respeto. Son los cimientos de cualquier relación, ya sea con amigos, con la familia o con alguien especial.

La Confianza es un puente entre tú y otra persona. Se trata de sentirte seguro de que son personas fiables y honestas. Cuando la confianza es sólida, puedes ser tú mismo, compartir abiertamente tus pensamientos y sentimientos, y saber que te cubren las espaldas.

El Respeto implica reconocer y apreciar a la otra persona por lo que es. Significa valorar sus opiniones, escuchar atentamente cuando habla y tener en cuenta sus sentimientos y decisiones. Trata a los demás como te gustaría que te trataran a ti; eso demuestra verdadero respeto.

Al fin y al cabo, para que cualquier relación prospere, estos dos elementos necesitan estar presentes. Así que, mientras navegas por tus conexiones, mantén la confianza y el respeto en primer plano.

Construyendo Relaciones Sólidas

Crear amistades fuertes y duraderas puede que no sea ciencia espacial, pero exige cierta atención y esfuerzo. Aquí tienes algunos consejos y trucos esenciales que debes tener en cuenta— tu guía para relacionarte con los demás y hacer amistades duraderas. Estas ideas te darán un comienzo sólido, ayudándote a formar amistades que hagan que los años de escuela preparatoria y posteriores sean aún más memorables.

1. Establecer el respeto mutuo: Reconoce el valor de otra persona, respeta sus decisiones y apoya su individualidad. Puede ser tan sencillo como valorar las opiniones de alguien, aunque no estén de acuerdo. Es un intercambio mutuo: tú das respeto, y deberías esperarlo a cambio.

2. Comunicación: La comunicación es el corazón de cualquier relación. En las próximas páginas, desglosaremos el arte de la comunicación, pero comprende que no solo se trata de las palabras que utilizas cuando estás tratando con tus seres queridos. Ser auténtico y claro es crucial. Vigila tu tono, sobre todo cuando las emociones se disparen. Siempre es mejor hablar y escuchar con el objetivo de comprender de verdad a la otra persona, no solo para ganar una discusión.

3. Muestra aprecio genuino: Sentirse apreciado te hace sentir bien. Y punto. El aprecio refuerza las relaciones y profundiza los vínculos. Ve más allá del "gracias" genérico: sé específico. Si un amigo te ha ayudado, dile exactamente cómo te han afectado positivamente sus acciones. La autenticidad es la clave; la gente percibe la diferencia entre el aprecio genuino y la adulación hipócrita.

4. Navegar por los conflictos amablemente: Las relaciones no siempre son fluidas. Los desacuerdos ocurren. Sin embargo, es la forma de resolverlos lo que define la fuerza de una relación.

Domina los pasos de la siguiente sección: identifica el problema, comunícate de forma constructiva y busca soluciones que respeten ambos puntos de vista.

Construir relaciones sólidas requiere paciencia, esfuerzo y la comprensión de estos principios esenciales. A medida que crezcas y evoluciones, también lo harán tus relaciones, reflejando el cuidado y la comprensión que inviertas en ellas.

Resolución de Conflictos: De las Tensiones a las Conexiones

La resolución de conflictos, si se hace correctamente, no debilita los vínculos, sino que los refuerza. Entonces, ¿cómo se consigue eso exactamente?

1- Identificando el problema: Cuando surgen desacuerdos o malentendidos, es súper importante centrarse en lo que realmente está causando la fricción. Piensa: ¿La tensión se debe a opiniones diferentes sobre algo? ¿Quizá un mensaje de texto o un DM que se malinterpretó? ¿O alguien se siente excluido o poco apreciado?

En lugar de dejarte atrapar por el drama o hacer que se trate de "quién empezó", intenta profundizar para comprender el verdadero problema. Concéntrate en el problema, no en la persona. Una vez que averigües qué está pasando realmente, estarás en el buen camino para solucionar las cosas.

2- Comunicando y escuchando: En los conflictos, la comunicación clara es clave. Expresa tus sentimientos sin culpar a nadie. Pero igual de importante es escuchar. No te limites a esperar tu turno para hablar; escucha de verdad lo que dice la otra persona. Cuando ambas partes se sienten comprendidas, es más fácil encontrar una solución que respete la perspectiva de todos. Es una calle de doble sentido: expresar y escuchar. (Entraremos en más detalles sobre los pormenores de la comunicación en la siguiente sección).

3- Buscando soluciones "en las que todos salgan ganando": Resolver un conflicto significa buscar una solución que satisfaga las necesidades y deseos de ambas partes. Centrarse en ganar o perder solo prolonga el conflicto y no es productivo. Es esencial llegar a un compromiso.

¿Cómo hacerlo? Empieza por comprender las necesidades de la otra persona. ¿Qué pide realmente? Después, expresa tus necesidades con claridad y respeto. El objetivo es encontrar una solución que satisfaga las necesidades de ambas partes. Puede que requiera un poco de toma y daca, una pizca de creatividad y una pizca de paciencia, pero el esfuerzo merece la pena.

4- Dar seguimiento tras la resolución: Después de resolver un conflicto, tómate un momento para reflexionar. ¿Qué has aprendido de esta experiencia? ¿Cómo puedes aplicar estos aprendizajes en el futuro? Esta reflexión es como una sesión informativa, en la que revisas los eventos y aprendes de ellos.

A continuación, revisa la situación con la otra persona. ¿Cómo se siente? ¿Hay algo más que necesite discutirse? Este seguimiento demuestra que te importa la relación y que te comprometes a mantener la armonía.

Todo el mundo comete errores, pero comprender la perspectiva del otro y superar las malas rachas puede llevar su relación al siguiente nivel.

Trazar la Línea: El Poder de los Límites

Los límites son fronteras que pones para protegerte de que te arrastren a cosas que no quieres. Estás "marcando la línea " y haciendo que los demás lo sepan, para que no la crucen, intencionadamente o no. Para mantenerte leal a ti mismo y a tus valores, debes conocer tus límites personales y ajustarte a ellos. Te ayudan a evitar que se aprovechen de ti, te manipulen o te presionen.

Cómo poner límites

1- Confía en tus instintos: ¿Recuerdas cuando te sentías incómodo pero no hablabas? Eran momentos en los que alguien se estaba pasando de la raya. Confía en esos sentimientos.

2- Define tu zona de confort: Entiende con qué estás bien y con qué no. Quizá te parezca bien salir con tus amigos cuando fuman, pero a ti mismo no te interesa fumar. Ese es tu límite.

3- Mantén los límites digitales: Coquetear con alguien en Internet puede estar bien, pero intercambiar fotos sugerentes está fuera de los límites. Conoce dónde pones el límite, y no dejes que nadie te haga sentir mal por imponerlo.

4- Las amistades y las relaciones románticas tienen límites: No siempre es fácil establecer límites con los amigos o los intereses amorosos. Pero los límites son necesarios para asegurar que no se aprovechen de ti ni te empujen a hacer cosas con las que te sientas incómodo(a).

Muy bien, esto es lo que hay: Las relaciones son una calle de doble sentido, y una gran parte de ello es saber hablar y escuchar. En la siguiente sección, desglosaremos los detalles de la comunicación y te daremos las herramientas para que cada conexión valga la pena.

COMUNICACIÓN: Haz que cada palabra importe

Principios de la Comunicación Eficaz

La comunicación se divide en tres estilos: pasivo, agresivo o asertivo. Comprenderlos puede cambiar drásticamente tu forma de interactuar con los demás.

1) *Comunicación Pasiva:* Este estilo, utilizado frecuentemente para evitar conflictos y mantener la paz, puede hacer que parezcas un pusilánime o un "complaciente" porque rara vez estás en desacuerdo con alguien. La gente puede empezar a pensar que tus opiniones y necesidades no son necesarias, haciendo a un lado tus deseos y necesidades.

2) *Comunicación Agresiva:* Todo el mundo pierde a veces la calma, pero algunas personas utilizan este estilo de comunicación de forma habitual. Puede parecer intimidatorio y tiende a alejar a la gente.

3) *Comunicación Asertiva:* Éste es el punto ideal. Los comunicadores asertivos se expresan con claridad y respeto. Se caracteriza por las tres Cs: Claro, Consistente y Cortés.

Consejos para una Comunicación Asertiva

Usa frases con "yo" en lugar de "tú". *Ej.:* "Me siento poco respetado cuando se cancelan los planes en el último minuto" es directo, claro y asertivo.

Apégate a los hechos. Es fácil exagerar o recurrir a insultos cuando se está enfadado, pero la comunicación basada en hechos es mucho más eficaz. *Ej.:* "Has cancelado planes tres de las últimas cuatro veces, así que es difícil confiar en que esta vez cumplirás".

Practica decir que no. Practica dando una respuesta breve y sencilla. *Ej.:* "Lo siento, no. Prefiero no hacerlo". No necesitas largas explicaciones. "No" es una frase completa.

Mantén la calma. Esto puede ser difícil cuando se discuten temas emocionales o cuando hay mucho en juego. Si no puedes evitar explotar, gritar o llorar, probablemente sea buena idea alejarse y reagruparse.

SITUACÍON	PASIVA	AGRESIVA	ASERTIVA
Has planeado ver una pelicula con tu amiga. Cuando se encuentran, ella sugiere reunirse con otros amigos en la cafetería en lugar de eso.	"Claro, no hay problema. Puedo ver la película en otro momento. Será divertido ver a todos."	"¿En serio? Me moria por ver esta película. ¡Nunca te importan mis sentimientos! Si quieres estar con ellos, ¡bien! Vete. Adiós".	"Tenía muchas ganas de ver esta película, así que voy a seguir con el plan, pero eres libre de unirte a los demás si quieres".
Los miembros de tu grupo de laboratorio han estado flojeando, y tú has estado haciendo la mayor parte del trabajo. Uno de los miembros te pregunta si puedes encargarte de parte de su trabajo porque está demasiado ocupado para hacerlo.	"Sí, claro, ningún problema. ¿Cuántro has completado? ¿nada? Oh, eso está bien, no te preocupes. Ya lo resolveré".	"¿Cómo te atreves? Ya he hecho la mayor parte del trabajo. No me importa si reprobamos. ¡He tenido suficiente con este grupo!"	"Siento que ya he aportado Más de lo que me corresponde. Todo el mundo debería contribuir por igual. No puedo con más trabajo".

Pasiva vs. Agresiva vs. Asertiva

Lenguaje Corporal: Hablando sin palabras

El lenguaje corporal se refiere a las señales no verbales. Desde la sutil elevación de una ceja hasta las manos en las caderas, estas señales no verbales pueden amplificar nuestras palabras, transmitir emociones profundas o incluso revelar lo que se deja sin decir.

Expresiones Faciales:

Ojos: El contacto visual directo puede significar que alguien está poniendo atención, pero también puede ser un juego de poder para intimidar. Un parpadeo rápido puede sugerir incomodidad o angustia.

Labios: Los labios fruncidos pueden significar desaprobación o desagrado, mientras que morderse los labios puede significar que alguien está ansioso o incómodo. Una boca ligeramente girada hacia abajo puede significar tristeza o desaprobación.

Movimiento del Cuerpo y la Postura:

Los gestos: Algunos gestos pueden parecer universales, pero a veces el mismo gesto puede significar cosas muy distintas en lugares diferentes, así que ten siempre cuidado con cómo podría interpretarlos alguien de una cultura diferente.

Brazos y piernas: Las manos en las caderas pueden indicar agresividad, desafío o una muestra de control. Los brazos cruzados suelen indicar que alguien está a la defensiva o se mantiene a distancia, y dar golpecitos con los dedos de las manos o los pies puede significar impaciencia.

La postura: Estar desplomado o encorvado puede significar tristeza, derrota o falta de confianza, mientras que estar sentado o de pie con la espalda recta indica alerta e interés.

Al sintonizar con estas señales, puedes comprender mejor las emociones e intenciones de quienes te rodean, lo que conduce a interacciones más enriquecedoras y auténticas.

Cómo Desarrollar la Capacidad de Escuchar: El Arte de Comprender

Evitar las interrupciones

Empecemos por la regla de oro de la escucha: nada de interrupciones. Rompen el flujo de la conversación y pueden hacer que el orador no se sienta escuchado. Así que, cuando alguien esté hablando, déjale que tenga el escenario. Mantén tus pensamientos, resiste el impulso de intervenir y deja que termine.

Escucha Activa

Es cuando no solo escuchas las palabras de alguien, sino que estás realmente atento a lo que dice. Significa que estás totalmente centrado en la persona que habla, intentando captar todo su mensaje, incluidos los sentimientos que hay detrás. No se trata solo de mover la cabeza, sino de demostrar que lo entiendes, dándole tu opinión o haciéndole preguntas. Hacer esto puede hacer que las conversaciones sean mucho más productivas y ayudar a evitar malentendidos. Además, hace que la otra persona se sienta valorada y escuchada.

Escucha Reflexiva

Esto forma parte de la escucha activa, que consiste en parafrasear lo que ha dicho el orador, lo que le demuestra que estás totalmente sintonizado con su mensaje. No se trata de repetir como un loro sus palabras, sino de resumir sus puntos principales y sus emociones con tus propias palabras. Es como decir: "Esto es lo que he oído. ¿Lo he entendido bien?" Esto hace saber al orador que estás escuchando su mensaje.

Puedes elevar tu juego de comunicación de un discurso unidireccional a una conversación bidireccional perfeccionando estas habilidades.

Hablar en Público: Cómo Dominar el Escenario

Hablar en público no son solo esos momentos bajo las luces de los reflectores, micrófono en mano y un público que espera con la respiración contenida. Puede ser ese brindis que haces en la boda de tu primo, una presentación crucial en clase o en el trabajo, o incluso simplemente compartir una idea en grupo.

El truco está en que la vida es imprevisible y nunca sabes cuándo te van a pedir que hables. Es una gran habilidad que conviene tener y que puede marcar la diferencia entre conseguir o no lo que quieres en la vida. Así que ¡empecemos a prepararnos!

Cómo superar el pánico escénico

Empecemos por la situación más aterradora, ya que todo lo demás sería más casual y fácil de manejar. Supongamos que tienes que dar un discurso en un evento de la escuela o en el trabajo ante una multitud de personas. El miedo escénico puede convertir incluso a la persona más serena en un manojo de nervios. Un par de consejos para calmar esos nervios son:

Practica, practica y practica un poco más: Conocer tu discurso por dentro y por fuera aumentará tu confianza y reducirá tu ansiedad. Cuanto mejor conozcas tu presentación, más fácil te resultará seguir por el buen camino, incluso cuando estés nervioso.

Familiarízate con tu ambiente: Revisa el lugar antes de tu discurso, si es posible. Pasea por el escenario, colócate detrás del estrado, si lo hay, y prueba el micrófono para familiarizarte con el montaje.

Utiliza técnicas de relajación: Antes de tu discurso, practica técnicas de atención plena, meditación y respiración para calmar los nervios y concentrarte en transmitir tu mensaje.

No pasa nada por estar nervioso. Un poco de adrenalina puede mejorar tu rendimiento, haciéndote más alerta y enérgico. Así que acepta esos nervios y respira hondo. ¡Tú puedes!

Estructuración de Discursos

Hablemos de la columna vertebral de tu discurso: la estructura. Un discurso bien estructurado tiene una introducción potente, una parte central bien organizada y una conclusión sólida.

Empieza con una introducción potente para captar la atención de tu público. Puede ser un hecho sorprendente, una pregunta que invite a la reflexión o una historia convincente. El objetivo es enganchar a tu audiencia y lograr que quiera escuchar.

A continuación, presenta tus puntos principales en una secuencia lógica. Cada tema debe basarse en el anterior, guiando a tu audiencia a través del discurso como si fueran piedras que cruzan un río.

Termina con una conclusión contundente que refuerce tus puntos principales y deje en el público una impresión duradera. Esta es tu última oportunidad de impactar, ¡así que aprovéchala!

Involucrar a la Audiencia

¿Qué es la participación del público? Se trata de convertir tu discurso de un monólogo en un diálogo. Haz que tu público se sienta parte de la conversación, no solo oyentes pasivos. Aquí tienes un par de herramientas para ello:

Contar historias. Las historias crean una conexión emocional que hace que tu discurso sea más cercano y memorable. Por tanto, entreteje anécdotas relevantes o experiencias personales en tu discurso para dar vida a tus puntos.

Participación del público. Puede ser algo tan sencillo como hacer preguntas, realizar una encuesta rápida o incluir elementos interactivos como cuestionarios o juegos en tu presentación. Esto hace que el público participe y que tu discurso sea más dinámico e interactivo.

Uso de Ayudas Visuales

Son como las vibrantes ilustraciones de un libro, que añaden color y contexto a tus palabras. Si se utilizan correctamente, las ayudas visuales pueden mejorar mucho la comprensión de tus oyentes, mantener su interés y reforzar tus puntos clave.

Puedes utilizar una simple presentación de diapositivas, un video-clip, tablas, gráficos o incluso accesorios. La clave es asegurar que tus ayudas visuales *apoyen* tu mensaje, *no que distraigan* de él. Por tanto, procura que sean claras, sencillas y pertinentes.

Manejar Sesiones de Preguntas y Respuestas

Una sesión de preguntas y respuestas permite a tu audiencia profundizar en tu presentación para asegurarse de que entienden tu mensaje. También es una oportunidad para aclarar cualquier punto y demostrar tu experiencia.

Anímate a hacer preguntas a tu público y escucha atentamente cada una de ellas. Si no sabes la respuesta, no pasa nada por admitirlo. Puedes ofrecerte a averiguarla y hacer un seguimiento más tarde, o dirigir la pregunta a alguien que pueda conocer la respuesta. La clave es tratar cada pregunta con honestidad y respeto.

Hablar en público es una habilidad; como cualquier habilidad, mejora con la práctica. *Así que busca oportunidades para hablar*, ya sea en una reunión de equipo, en una presentación de clase o incluso en un brindis en una cena familiar, para acostumbrarte a ser el centro de atención. Cada vez que te pongas delante de la gente, estarás perfeccionando tus habilidades, aumentando tu confianza y convirtiéndote en un mejor orador.

Navegando por la Comunicación Digital

Etiqueta en el correo electrónico: Cómo redactar la nota perfecta

El correo electrónico es la carta de hoy en día. Es rápido, práctico y básico en nuestra comunicación diaria. Pero que sea digital no significa que se deban perder los buenos modales. También existen normas y protocolos, así que aquí tienes lo básico:

1. Haz que tu línea de asunto sea clara, concisa y relevante en relación con el contenido de tu correo electrónico.

2. Dirígete al destinatario con respeto. En caso de duda, utiliza un título más formal en lugar de uno menos formal, por ejemplo, "Estimado Sr. Smith."

3. Empieza con una breve presentación de ti mismo si es la primera vez que escribes a alguien, y explica brevemente por qué le escribes.

4. Cuando escribas tu mensaje, hazlo breve y directo. Divide el texto en párrafos para facilitar la lectura, y revisa la ortografía y la gramática.

5. No olvides firmar el correo electrónico. Puedes utilizar "Atentamente", "Saludos" o "Gracias" para los correos informales y "Sinceramente" o "Atentamente" para los correos más formales. Continúa con tu nombre. Añade tu información de contacto en la firma para que el destinatario sepa cómo ponerse en contacto contigo.

Un consejo: Vigila tu tono. Como no pueden oír tu voz ni ver tu cara, el lector no puede saber si estás bromeando o hablando en serio, enfadado o no, a menos que quede claro en tu escrito. Para evitar malentendidos innecesarios, relee tu mensaje varias veces antes de enviarlo para asegurar que tus palabras dicen realmente lo que quieres decir.

El Comportamiento en las Redes Sociales: Qué Hacer y Qué No Hacer

Las redes sociales ofrecen una plataforma para conectar, compartir y mostrar quién eres. Sin embargo, como en cualquier foro público, es esencial seguir unos buenos modales. ¿Cuáles son las reglas básicas?

Haz una pausa antes de publicar. Dejarse llevar por el momento es fácil, pero una vez compartidos, tus pensamientos se hacen públicos. Y una vez que han salido a la luz, permanecen ahí afuera. Así que asegúrate de que lo que publicas es respetuoso, apropiado, acorde con tus valores y refleja realmente quién eres.

Protege tu privacidad. Del mismo modo que no gritarías tus datos personales en una calle abarrotada de tenge, ten cuidado con lo que compartes en las redes sociales. Limita el compartir detalles personales, lugares o rutinas diarias.

Por último, **sé respetuoso con los demás.** Las redes sociales son un lugar diverso, lleno de puntos de vista y opiniones diferentes. Está bien no estar de acuerdo, pero no está bien ser irrespetuoso. Mantén tus comentarios educados, considerados y abiertos.

Protocolos de las Reuniones en Línea

Las reuniones en línea, o "virtuales", son tu portal al mundo, que te conecta con personas de todo el continente y de todo el mundo sin dejar tu habitación. Las reuniones de Zoom y Skype existían incluso antes de la pandemia, pero ésta las convirtió en la norma. Hoy en día, son una forma estándar de celebrar reuniones de negocios, entrevistas y clases en todo el mundo. Sin embargo, como cualquier otra cosa, hay protocolos y etiqueta específicos que seguir:

La puntualidad es fundamental. Asegúrate de conectarte con unos minutos de anticipación por si necesitas solucionar algún problema técnico. Si eres el anfitrión de la reunión, asegúrate de que todo está preparado antes de la hora de la reunión.

Mantén las distracciones al mínimo. Escoge un lugar tranquilo, silencia el micrófono cuando no estés hablando y evita que parezca que estás haciendo otras cosas aparte.

Cuando se trate de vídeo, trátalo como si fuera una reunión presencial. **Vístete adecuadamente,** no te muestres inquieto y asegúrate de que el fondo sea profesional y sin distracciones.

En reuniones y aulas, intenta no esconderte tras fotos o iniciales. **Enciende el vídeo** y demuestra que estás allí en persona, atento y participando. La gente tiende a confiar en las personas a las que puede ver.

Mantente involucrado. Participa activamente en las conversaciones, muestra respeto cuando hablen los demás y céntrate en la reunión.

Así que, tanto si estás redactando un correo electrónico, publicando en las redes sociales o dirigiendo un debate en línea, haz que cada palabra, cada clic y cada publicación cuenten. Mantén la conversación en marcha, permanece conectado y deja que se oiga tu voz.

Unas buenas habilidades de comunicación y de relaciones son tu pasaporte hacia mejores amistades y conversaciones más fluidas. Te ayudarán en todo, desde las discusiones familiares hasta las futuras entrevistas de trabajo. Sé realista, sigue practicando y verás cómo se te abren puertas en todos los aspectos de la vida.

5

Gestión del Tiempo, Toma de Decisiones y Establecimiento de Metas

Buenos Hábitos para la Vida

A todo el mundo le han tocado las mismas 24 horas cada día. Pero ninguno de nosotros sabe cuántos días tenemos en nuestra gran aventura. Así que, mientras estemos todos aquí, aprovechémoslos al máximo. ¿Tienes sueños? ¿Metas? ¿Una lista de cosas que hacer en la vida tan larga como una montaña rusa? Perfecto. Este capítulo te ayudará a aprovechar al máximo esas 24 horas, a tomar decisiones con confianza y a poner la mira en esas grandes (o pequeñas) metas. ¡Manos a la obra!

GESTIÓN DEL TIEMPO

Imagina que tienes una hora más al día – tiempo para dedicarte a lo que te apasiona, destacar en la escuela, salir con los amigos o simplemente relajarte/dormir sin preocuparte de las tareas pendientes. La administración del tiempo no consiste en exprimir más tu día, sino en **encontrar un equilibrio que te permita vivir la vida al máximo**. Veamos cómo puedes aprender a administrar tu agenda para aprovechar cada momento y sacar el máximo partido de tu increíble adolescencia – y de los años venideros.

Entender el Valor del Tiempo

El tiempo es un recurso no renovable. Eso significa que una vez que un momento se escapa, se ha ido para siempre. Entonces, ¿cómo puedes aprovechar al máximo este precioso recurso?

El concepto de costo de oportunidad: En términos de tiempo, *el costo de oportunidad* significa que el tiempo que dedicas a una actividad es tiempo que no puedes dedicar a otra cosa. Si pasas tres horas navegando por las redes sociales, por ejemplo, son tres horas que no puedes utilizar para estudiar, practicar un pasatiempo o pasar tiempo de calidad con tus amigos. Ser consciente del costo de la oportunidad puede ayudarte a tomar mejores decisiones sobre cómo utilizas tu tiempo.

El arte de establecer prioridades: Priorizar es LA clave de la administración del tiempo. Tienes un tiempo limitado cada día, así que necesitas decidir qué tareas son las más importantes y ocuparte de ellas primero. Esto te ayuda a centrarte en lo que realmente importa, asegurando que tu tiempo se emplea de forma eficiente, eficaz y productiva. ¡La sensación de logro que sentirás al final del día no tendrá precio!

La Auditoría del Tiempo: ¿Quieres tener una idea más clara de cómo estás empleando tu tiempo? Prueba este sencillo ejercicio: Durante una semana, lleva un registro del tiempo. Anota todo lo que haces durante el día y cuánto tiempo te lleva. Esto incluye actividades como dormir, comer, estudiar, salir con los amigos, ver la tele, navegar por las redes sociales, etc. Al final de la semana, revisa tu lista. ¿Cuánto tiempo dedicaste a las distintas actividades? ¿Te has llevado alguna sorpresa? Utiliza esta información para reflexionar sobre lo bien que utilizas tu tiempo y sobre qué cambios podrías necesitar.

Técnicas Efectivas de Administración del Tiempo

Una rápida búsqueda en Internet sobre técnicas de administración del tiempo te proporcionará una larga lista de técnicas, pero hay algunas que han resistido el paso del tiempo. Pruébalas y ve cuál te funciona mejor.

La Técnica Pomodoro

Desarrollada por Francesco Cirillo, la Técnica Pomodoro es un método de gestión del tiempo que anima a las personas a trabajar *con* su tiempo, no contra él. Divide tu trabajo en intervalos de 25 minutos, separados por un descanso de cinco minutos. Estos intervalos se conocen como "pomodori", el plural italiano de tomate.

El proceso es sencillo. Eliges una tarea en la que quieras trabajar, pones un cronómetro durante 25 minutos y trabajas en la tarea hasta que suene el cronómetro. Entonces, haces una pausa de 5 minutos. Después de completar cuatro "pomodori", haces una pausa más larga de 15 a 30 minutos. Este método puede aumentar la productividad creando una sensación de urgencia (el tic-tac del temporizador) y proporcionando descansos regulares para evitar el agotamiento.

Puedes personalizarlo cambiando los intervalos de tiempo, pero la idea es no trabajar en intervalos demasiado largos para mantener la concentración.

La Caja de Eisenhower

A continuación, tomemos ejemplo del 34º presidente de EE.UU., Dwight D. Eisenhower. Era famoso por su increíble capacidad para organizar y realizar tareas. *La Caja de Eisenhower*, o *Matriz de Eisenhower*, es una sencilla herramienta de organización del tiempo que lleva su nombre.

Imagina una simple caja, dividida en cuatro cuadrantes. Cada cuadrante representa un grado distinto de urgencia e importancia. El cuadrante uno es para las tareas que son urgentes e importantes. El cuadrante dos es para las tareas que son importantes, pero no urgentes. El cuadrante tres es para las tareas que son urgentes pero no importantes, y el cuadrante cuatro es para las tareas que no son ni urgentes ni importantes.

	Urgente	No Urgente
Importante	**Hacer** Hacerlo ahora mismo	**Decidir** Programar un tiempo para hacerlo
No Importante	**Delegar** ¿Quién puede hacerlo por ti?	**Borrar** Eliminarlo

La Caja de Eisenhower

Con este método, puedes decidir qué tareas requieren tu atención inmediata (**Hacer**), cuáles debes programar para más adelante (**Decidir**), cuáles puedes encargar a otra persona (**Delegar**) y cuáles puedes borrar por completo (**Eliminar**). Te ayuda a ordenar tu lista de tareas y a enfocarte en lo que es realmente importante.

Bloques de Tiempo

Piensa en tu día como una serie de bloques. Cada bloque representa un trozo de tiempo dedicado a una tarea o actividad específica. Puede ser escribir un reporte, contestar correos electrónicos, estudiar o incluso tomarte un descanso. La idea es dedicar tiempo ininterrumpido a una sola tarea, en lugar de cambiar constantemente de una tarea a otra.

Este método no solo te ayuda a mantener la concentración, sino que también te ayuda a visualizar claramente tu programa diario y semanal.

	M	T	W	Th	F	Sa	Su
6:00-6:30					Sleep In		
6:30-7:00	Walk the Dog	Walk the Dog	Walk the Dog	Walk the Dog		Sleep In	
7:00-7:30	Breakfast	Breakfast	Breakfast	Breakfast	Walk the Dog		Sleep In
7:30-8:00					Breakfast		
8:00-8:30						Walk the Dog	
8:30-9:00						Breakfast	
9:00-9:30							Walk the Dog
9:30-10:00							
10:00-10:30							House Chores
10:30-11:00							
11:00-11:30		SCHOOL	SCHOOL				
11:30-12:00	SCHOOL			SCHOOL	SCHOOL	Work 6-hour Shift	Leisurely Brunch/Lunch
12:00-12:30							
12:30-1:00							
1:00-1:30							
1:30-2:00							
2:00-2:30							
2:30-3:00		Homework	Homework				Team Practice
3:00-3:30							
3:30-4:00					Homework		
4:00-4:30	Team Practice						
4:30-5:00		Work 4-hour Shift	Team Practice	Homework			
5:00-5:30							
5:30-6:00							
6:00-6:30						House Chores	
6:30-7:00							
7:00-7:30	Dinner & Downtime		Dinner & Downtime	Dinner & Downtime	Dinner & Downtime	Dinner & Downtime	Dinner & Downtime
7:30-8:00							
8:00-8:30		Dinner & Downtime					
8:30-9:00							
9:00-9:30							
9:30-10:00							
10:00-10:30			Sleep!				Sleep
10:30-11:00						Sleep	

Ejemplo de Bloques de Tiempo

El Método ABCDE

Ahora, añadamos algunos alfabetos a tu caja de herramientas de administración del tiempo. *El método ABCDE* es una poderosa técnica que te ayuda a organizar tus tareas en función de su importancia.

El método es sencillo. Empiezas escribiendo todas las tareas que tienes que completar. Después, asigna a cada tarea una letra de la A a la E en función de su importancia, siendo la A la más importante y la E la menos. Las tareas marcadas con una A son tus principales prioridades, las cosas que debes hacer. Las tareas marcadas con una B son importantes, pero no tanto como las tareas A. Las tareas C son agradables de hacer, pero no necesarias. Las tareas D son las que se pueden delegar, y las tareas E son las que se pueden eliminar.

Esta técnica garantiza que tu atención y tu energía se concentren en las tareas que realmente importan.

El Principio de Pareto (La Regla 80/20)

He aquí un concepto innovador de un economista italiano, Vilfredo Pareto. Hizo una aguda observación: en su huerto, el 80% de las verduras y frutas eran producidas por el 20% de las plantas. Esto dio origen a la regla 80/20, o lo que se conoce como Principio de Pareto.

En términos de productividad, esto se traduce en la idea de que unas pocas tareas selectas (alrededor del 20%) conducen a la mayoría de tus resultados (alrededor del 80%). Los porcentajes exactos no son importantes. De lo que se trata es de ser consciente de qué tareas son las más "beneficiosas", para poder priorizarlas.

Si comprendes el Principio de Pareto, podrás racionalizar tus esfuerzos, minimizar el estrés y alcanzar tus objetivos con mayor eficacia. ¡Solo pensarlo puede cambiar tu vida!

Cómo Combatir la Procrastinación

¿Te has encontrado alguna vez aplazando tareas, para acabar enfrentándote a una abrumadora montaña de cosas pendientes y con poco tiempo? Eso es procrastinación. Es uno de los peores asesinos de la productividad, y *todo el mundo* lucha contra ella de vez en cuando. Tendemos a etiquetar a la gente como "procrastinadores", como si fuera un rasgo fijo de la personalidad, pero en realidad no lo es.

La procrastinación es más bien un mecanismo de defensa, normalmente contra ansiedades o desencadenantes que nos "paralizan". En general, hay tres tipos de procrastinadores entre nosotros:

- *El Preocupado:* Esta persona está preocupada por la tarea, por si podrá realizarla y por todas las cosas que pueden salir mal. Se sienten estresados por tener tanto que hacer y carecen de confianza en su propia capacidad. Su reto es sentirse cómodo con los riesgos y centrarse en el proceso de aprendizaje.

- *El Soñador:* Esta persona tiene muchas buenas intenciones, pero rara vez las lleva a cabo. Les encanta la idea del proyecto acabado, pero les molestan las tareas aburridas o difíciles. Su reto es tolerar los sentimientos de incomodidad y dejar de poner excusas.

- *El Perfeccionista:* Esta persona puede ser su peor enemigo. Frecuentemente se sienten abrumados por objetivos inalcanzables, y creen que todo tiene que ser perfecto o no vale la pena hacerlo. Su reto consiste en encontrar un término medio y aspirar a la excelencia, no a la perfección.

Entonces, ¿qué puedes hacer al respecto? ¿Cómo puedes parar de "dejar las cosas para más tarde", como te dicen constantemente tus padres? Prueba algunas de estas técnicas:

Fragmentación: La "fragmentación" se refiere a la idea de dividir las tareas en partes manejables. Divides una tarea grande en trozos de mini tareas, lo que hace que la tarea general resulte menos abrumadora. Además, cada mini tarea completada te aporta una sensación de logro que te mantiene motivado para continuar. En lugar de organizar todo el armario, por ejemplo, empieza solo por los zapatos.

Sistema de recompensas: Las recompensas son pequeños regalos que te haces a ti mismo por progresar. Tus recompensas pueden ser tan sencillas o sofisticadas como quieras. Puede ser un descanso de cinco minutos para estirarte y relajarte, un juego rápido en tu teléfono, un bocadillo delicioso o incluso una salida divertida una vez completada una tarea importante. La clave está en elegir recompensas que realmente disfrutes. Te servirán como refuerzo de la motivación, dándote algo que esperar al final del túnel.

Visualización de los resultados: Por último, aprovechemos el poder de tu imaginación. La visualización es un vistazo a un futuro en el que tu tarea ya se ha completado. Se trata de crear una imagen mental del resultado que quieres conseguir y de los pasos necesarios para llegar a él.

Cierra los ojos e imagina que completas tu tarea. ¿Cómo te sientes? ¿Cómo se ve? ¿Cómo te beneficia a ti o a los demás? Al visualizar los resultados, creas una asociación positiva con la tarea. Esto puede alimentar tu motivación, dándote ese empujón extra para empezar.

Todo el mundo procrastina de vez en cuando. Es una parte común de la experiencia humana. La clave está en reconocerlo, comprenderlo y tomar medidas activas para afrontarlo. Tú puedes con esto.

Haciendo Malabares con la Escuela, los Pasatiempos y la Vida Social

Administrar los estudios, el trabajo, los pasatiempos, la vida social y la relajación puede ser como intentar mantener cinco pelotas en el aire al mismo tiempo. Es un reto, ¿verdad? Pero con un poco de planificación y establecimiento de límites, ¡puedes encontrar formas de manejarlas todas!

Establece prioridades y planifica: Utiliza una de las herramientas de administración del tiempo tratadas anteriormente en este capítulo para priorizar tus tareas. Utiliza planificadores o calendarios digitales para bloquear las horas de esas tareas, así como los eventos a los que tienes que asistir. Si organizas tu semana de este modo, podrás visualizarla mejor y organizar el tiempo con más eficacia.

Pon límites: Si has reservado dos horas para estudiar, asegúrate de que utilizas ese tiempo sabiamente. Apaga las notificaciones de las redes sociales, avisa a tus amigos de que te pondrás al día más tarde y céntrate en tu trabajo. Los límites no son barreras; son barandillas que te ayudan a concentrarte.

Calidad sobre cantidad: Cuando se trata de la vida social y las aficiones, no se trata de cuánto tiempo les dedicas, sino de cómo lo dedicas. Dos horas dedicadas plenamente a alguna afición o con los amigos son más gratificantes que un día entero de distracciones.

Adopta la flexibilidad: Aunque las rutinas son cruciales, es igualmente esencial *ser adaptable*. A veces surgen imprevistos, y no pasa nada. Aprender a girar y ajustar tu horario cuando sea necesario es una habilidad valiosa.

Tiempo para ti: No olvides reservar tiempo para la relajación y la autorreflexión. Estos momentos te recargan y te proporcionan la energía que necesitas para compaginarlo todo con eficacia.

Busca apoyo: Si te cuesta seguir el ritmo, no dudes en buscar ayuda. Ya sea hablando con un consejero escolar, un maestro de confianza o incluso los amigos, a veces los demás pueden ofrecerte una nueva perspectiva o consejos prácticos que no habías considerado.

El arte del malabarismo no consiste en la perfección, sino en el equilibrio. Como cualquier habilidad nueva, requiere práctica y paciencia. No seas demasiado duro(a) contigo mismo(a) si al principio se te caen una o dos bolas. Sigue adelante, haz los ajustes necesarios y pronto estarás administrando tu tiempo como un profesional.

LA TOMA DE DECISIONES

Todos los días te enfrentas a decisiones, grandes y pequeñas. Qué cereales tomar por la mañana, qué ponerte para la fiesta del sábado, cómo pasar tus próximas vacaciones de verano, qué camino tomar después de graduarte de preparatoria, etc., etc. .. La toma de decisiones, como cualquier otra habilidad, puede perfeccionarse y refinarse utilizando las herramientas y métodos adecuados y, por supuesto, mediante la práctica. Una vez que las domines, podrás afrontar cualquier decisión con confianza durante el resto de tu vida.

El Proceso de la Toma de Decisiones Eficaz

Recorramos paso a paso el proceso de toma de decisiones que te dará la confianza necesaria para hacer elecciones de las que puedas sentirte orgulloso(a).

Paso 1: Identificar la decisión. El primer paso para tomar decisiones eficaces es identificar la decisión que tienes que tomar. ¿Qué quieres decidir? Por ejemplo, ¿es lo que quieres conseguir de tu verano en general, o ya sabes que quieres ir a un campamento/programa de verano, y solo intentas decidir a cuál? Este debería ser un paso rápido, pero ayuda a mantener tu atención en lo que es realmente importante.

Paso 2: Explora las opciones. Una vez que hayas definido tu decisión, haz una lluvia de ideas y enumera todas las opciones posibles sin limitarte, incluso las más descabelladas y locas, porque pueden ayudarte a que se te ocurran ideas en las que nunca habías pensado y que en realidad son opciones sólidas. ¿Ya está? Ahora, tacha las opciones que simplemente sean demasiado locas, poco realistas o simplemente no te atraigan.

Paso 3: Reúne información. ¡Es hora de investigar! Averigua todo lo que puedas sobre cada opción que quede en tu lista. ¿Cuánto cuesta? ¿Dónde se realiza? ¿Cuándo empieza y cuánto dura? ¿Hay que pasar por muchos obstáculos, como solicitudes o entrevistas? Comprende lo que tienes que hacer para hacer realidad cada opción. Dependiendo de lo grande o complicada que sea tu decisión, puede que quieras utilizar una hoja de cálculo para organizar tu información.

Paso 4: Analiza las opciones. Analiza cada opción desde distintos ángulos. ¿Cuáles son los pros y los contras? Considera las incertidumbres de cada opción, por ejemplo, ¿cuáles son tus posibilidades de conseguir ese trabajo de verano soñado o de entrar en ese programa de lujo? También puede haber otros factores fuera de tu control, como que el clima afecte a tus ingresos laborales en un restaurante de la playa. (A continuación trataremos con más detalle las herramientas de análisis de decisiones).

Paso 5: Toma la decisión. Una vez que hayas analizado a fondo tus opciones basándote en toda la información disponible, es hora de decidir. Reflexiona sobre todo lo que has aprendido. ¿Cuál te parece la correcta? ¿Por qué? En la mayoría de los casos, no hay una respuesta "correcta". A veces puede parecer que hay mucho en juego, pero has hecho tus tareas, así que estás bien informado y preparado para tomar esta decisión. Adelante.

Pero, si no tienes que decidir ahora mismo, y esperar puede darte mejor información o más claridad, también es una opción válida. A veces, decidir no decidir puede ser la mejor decisión.

Las Herramientas Clásicas de Análisis de Decisiones

Por suerte, no tenemos que tomar decisiones a ciegas. Existen varias herramientas y métodos de toma de decisiones que han demostrado su eficacia. Te ayudarán a reducir tus opciones y te facilitarán ver tus elecciones con claridad. Cuál utilizar depende de tus preferencias y del tipo de decisión que estés intentando tomar. ¡Ponlas a prueba!

Lista de Ventajas y Desventajas

VENTAJAS	DESVENTAJAS
−CRECIMIENTO PERSONAL	−PÉRDIDA DEL IMPULSO ACADÉMICO
−EXPERIENCIA LABORAL	−QUEDÁNDOSE ATRÁS DE LOS AMIGOS
−RECUPERACIÓN DEL AGOTAMIENTO	−PUEDE FALTAR PRODUCTIVIDAD
−EXPOSICIÓN CULTURAL	−TENSIÓN FINANCIERA

Ventajas y Desventajas de Tomarse un Año Sabático

Lo más probable es que ya conozcas este clásico, pero merece ser destacado aquí porque *simplemente funciona*. Todo lo que tienes que hacer es, para cada opción que estés considerando, enumerar las cosas buenas de esa opción (=Pros) y las cosas no tan buenas de esa opción (=Contras). Es un marco sencillo que te ayuda a considerar y valorar todo lo bueno y lo malo de forma organizada.

Matriz de Decisión

La Matriz de Decisión no es más que un nombre elegante para un gráfico que te permite valorar tus opciones en función de distintos criterios. Te permite comparar varias opciones en función de una serie de criterios, mostrando varios factores a la vez de forma fácil de entender.

Supongamos que has recibido la aceptación de tus tres mejores opciones universitarias y ahora no puedes decidir qué oferta aceptar. Empieza por enumerar tus criterios de decisión: gastos de colegiatura, ubicación, vida estudiantil, etc. A continuación, valora cada universidad según estos criterios. Puedes utilizar una simple escala del 1 al 5, siendo 5 la más favorable. Una vez que hayas valorado todas las opciones, suma las puntuaciones. Teniendo en cuenta todos los factores, la opción con el total más alto podría ser tu mejor elección.

	Colegiatura	Ubicación	Vida Estudiantil	Prestigio	Beneficio Total
University of A	5	3	4	2	**14**
B College	3	5	4	4	**16**
C University	2	3	3	5	**13**

La Matriz de Decisión

Aunque no decide por ti, la Matriz de Decisión puede proporcionarte información valiosa para ayudarte a elegir.

Análisis de la Relación Costo-Beneficio

Como su nombre indica, se trata de comparar los costos y los beneficios de cada opción. Digamos que estás pensando en mudarte de tu casa familiar después de la preparatoria. Los beneficios podrían incluir más libertad e independencia, la oportunidad de conocer una nueva ciudad o un estilo de vida más emocionante. Los gastos podrían incluir gastos de mudanza, un costo de vida más elevado o no ver a tu familia y amigos tanto como te gustaría.

El truco está en poner un valor en dólares a estos costos y beneficios, en la medida de lo posible, o valorarlos según una escala que sea importante para ti, como la independencia. Luego, compara las dos partes. Si los beneficios superan a los costos, la opción podría ser favorable. Si no, quizá quieras reconsiderarlo.

Estas herramientas no predecirán el futuro ni tomarán decisiones por ti. Pero pueden ayudarte a tomar decisiones informadas y bien reflexionadas – que es todo lo que puede hacer una persona.

Costos vs. Beneficios

Evaluar la Decisión: "Lo Bueno" vs. "Lo Malo"

¿Cómo te fue? ¿Te gustó el resultado de tu decisión? Espera. Tanto si la respuesta es "Sí" como "No", resiste la tentación de juzgar tu decisión basándote en el resultado.

Es difícil, pero debes <u>separar la calidad de tu decisión de la conveniencia del resultado</u>. ¿Por qué? Porque puedes tomar una decisión "buena" y que el resultado sea malo, y puedes tomar una decisión "mala" y, sin embargo, tener suerte y que el resultado sea bueno.

No puedes juzgar la calidad de una decisión que tomaste a partir del resultado. **Una decisión es buena si la tomaste tras considerar detenidamente toda la información disponible y los recursos que tenías en el momento de tomarla**. Debes recordar que, cuando tomaste la decisión, te enfrentabas a un montón de incertidumbres que no podías controlar.

Tú no puedes controlar el resultado. Si el resultado fue malo, no te castigues. Hiciste lo que pudiste y tu decisión fue buena. Mientras sigas practicando la "buena" toma de decisiones, continuarás mejorando tus posibilidades de obtener buenos resultados – y por eso es un buen hábito que conviene desarrollar.

FIJARSE METAS: Tu Brújula Personal

Si quieres hacer algo por ti mismo y disfrutar de la vida al máximo, te ayudará tener metas. Vivir sin rumbo—dejando que las cosas te sucedan—solo te llevará hasta cierto punto. Pero, ¿qué son las metas y cómo se establecen?

Metas a Largo Plazo vs. Metas a Corto Plazo

En primer lugar, distingamos entre metas a largo y a corto plazo. Las metas a largo plazo son tus grandes aspiraciones, como ser médico, montar tu propio negocio o comprarte una casa. Los objetivos a corto plazo, en cambio, son pasos hacia tus metas a largo plazo. Imagina una línea de tiempo. Un extremo es donde estás ahora, y el otro donde quieres estar.

Por ejemplo, si tu meta a largo plazo es convertirte en médico, tienes que graduarte en la facultad de medicina después de graduarte en una universidad de 4 años después de haber terminado la preparatoria después de terminar todas las materias obligatorias con buenas notas. Por tanto, tus metas a corto plazo serían terminar todos los cursos obligatorios con buenas calificaciones. (Todo lo demás podría llamarse "metas a medio plazo").

Al igual que haces con las tareas, dividir una meta importante en metas más pequeñas puede ayudarte a seguir avanzando en lugar de arriesgarte a perder el impulso.

Cómo Fijar Metas S.M.A.R.T.

Hablando de eso, ¿alguna vez te has marcado una meta grande y ambiciosa que te hacía mucha ilusión alcanzar, solo para abandonarla a mitad de camino? Tal vez pensaste que las metas estaban fuera de tu alcance y te desanimaste, o simplemente perdiste el interés por el camino. Pero con el método SMART, puedes asegurar que tus metas no son simples sueños, sino objetivos alcanzables.

SMART son las siglas en inglés de Específico, Medible, Alcanzable, Relevante y Con Plazos. Lo brillante de SMART es que toma una gran ambición y la divide en pedazos más pequeños y manejables, y establece el plan para cada pedazo utilizando el siguiente marco:

- [*Specific*] - **Específicos**: Objetivos claros y concisos

- [*Measurable*] - **Medibles:** Resultados cuantificables de los que se pueda hacer un seguimiento

- [*Attainable*] - **Alcanzables:** Desafiantes pero realizables

- [*Relevant*] - **Relevantes:** En consonancia con tus ambiciones más amplias

- [*Time-Bound*] - **Con Plazos**: Metas con una línea de tiempo definida

Digamos que tu gran meta es entrar en el cuadro de honor de la escuela, pero tu calificación de inglés está bajando tu promedio de calificaciones. Decir solo que quieres entrar en el cuadro de honor no hará que tu nota de inglés suba por arte de magia. Necesitas un plan. Ahí es donde entran en juego las metas SMART.

S	(Specific) Específicos	Aumentarás tu calificación de inglés de B+ a A
M	(Measurable) Medibles	Realizarás un seguimiento de tu progreso registrando las puntuaciones de cada cuestionario, tarea escrita y comentarios recibidos de tu maestro.
A	(Attainable) Alcanzables	Trabajarás con tu maestro para identificar áreas de mejora y establecer metas realistas para cada ejercicio de escritura.
R	(Relevant) Relevantes	Una buena calificación en inglés aumentará tus posibilidades de entrar en el cuadro de honor y entrar en la universidad que elijas.
T	(Time-Bound) Con Plazos	Tienes 3 meses hasta el final del semestre para subir tu nota.

Metas S.M.A.R.T. para Mejorar la Calificación en Inglés

Ten en cuenta que, para alcanzar la meta mayor de sacar un 100 en clase, puedes necesitar más de una serie de metas SMART además de la escritura, por ejemplo, mejorar la lectura o practicar la oratoria.

Seguimiento del progreso

A medida que avanzas hacia tus metas, el seguimiento de tus progresos es esencial. Hay muchas formas de llevar un seguimiento de tus progresos. Puedes llevar un diario de metas, utilizar una aplicación o crear una representación visual como una barra de progreso o un gráfico de metas. Conviértelo en un hábito. Revisar tu progreso te mantiene motivado y te permite ajustar tu plan si lo necesitas, al tiempo que te mantiene en el buen camino.

Celebrar los Logros

Cada meta alcanzada, por pequeña que sea, merece un aplauso. Celebrar tus logros te sube la moral, genera confianza y hace que el camino sea más agradable. Decide cómo celebrar el próximo gran logro, ¡y date un gusto sin sentirte culpable!

Fijar metas te ayuda a ver lo que quieres y cómo conseguirlo, sobre todo cuando te preparas para la vida después de la preparatoria.

La administración del tiempo, la toma de decisiones y la fijación de metas no son temas que debas manejar a la perfección por ahora: son habilidades para toda la vida que te seguirán siendo útiles el resto de tu vida. Con cada meta que te propongas y cada decisión que tomes, estarás sentando las bases de tu futuro. Adopta estas herramientas, perfecciónalas a medida que crezcas y estarás bien equipado para construir una vida de éxito.

6

La Vida Después de la Secundaria

Tu Viaje, Tus Opciones

L o primero es lo primero. Antes de pensar en nada más, asegúrate de obtener el **título de educación preparatoria**. Sin él, la mayoría de las puertas del empleo estarán cerradas, y puede que te encuentres con opciones limitadas para el resto de tu vida. Si no puedes graduarte en la escuela preparatoria de la forma tradicional, haz el examen *GED* (*Desarrollo de la Educación General*) en cuanto puedas. ¿Y después?

¿Ir a la universidad? ¿Trabajar? ¿Viajar? Tantas opciones, ¿cómo elegir?

Opción 1: LA UNIVERSIDAD

Uno de los caminos más comunes que los adolescentes se plantean después de la preparatoria es ir a la universidad. Es un camino probado que muchos han recorrido antes que tú. Pero, ¿es la opción adecuada *para ti*?

Los Beneficios de la Educación Superior

La universidad ofrece múltiples beneficios, cada uno de los cuales contribuye a tu crecimiento general. No se trata solo de obtener un título, sino de ampliar tus conocimientos, perfeccionar tus habilidades y desarrollarte como persona. Se trata de explorar tus intereses, encender tus pasiones y descubrir otras nuevas. La universidad es un lugar seguro para experimentar, cometer errores y aprender de ellos.

Las *conexiones* que haces en la universidad también pueden ser una gran ventaja. Como las piezas de un rompecabezas, tus profesores, compañeros de clase y tu red de ex-alumnos pueden formar un colorido cuadro de oportunidades. Prácticas profesionales, puestos de trabajo, tutoría y amistades son solo algunas de las posibilidades. (Desgraciadamente, el dicho "*No es lo tanto que sabes, sino a quién conoces*" es más cierto de lo que nos gustaría admitir en el mundo profesional).

Además, como el mercado laboral es cada vez más competitivo, tener una licenciatura es imprescindible para muchas carreras y un requisito previo innegociable para los programas de estudios profesionales o de postgrado.

Tipos de Instituciones de Educación Superior

Hay muchos tipos diferentes de universidades, cada una de las cuales ofrece una experiencia única: Opciones de dos años vs. de cuatro, públicas vs. privadas, grandes vs. pequeñas, generales vs. especializadas, etc., etc. Echemos un vistazo a todas ellas.

Universidades Comunitarias

Estas universidades, normalmente de dos años, ofrecen títulos de carrera técnica y certificados que pueden conducir a un empleo o ser un trampolín hacia una universidad de cuatro años. A menudo son más económicas y ofrecen horarios más flexibles que las universidades de cuatro años.

Escuelas Superiores y Universidades de Cuatro Años

Ofrecen una amplia gama de *programas de licenciatura* en diversos campos. Suelen proporcionar una experiencia universitaria más tradicional, con oportunidades de vivir en el campus, actividades extracurriculares y una amplia gama de cursos.

Universidad Pública: Se trata de universidades e institutos estatales que reciben fondos públicos y suelen ofrecer colegiaturas a precios reducidos a los solicitantes de dentro del estado. Muchas también limitan el número de admisiones de fuera del estado y cobran cuotas más altas a los estudiantes de fuera del estado. Las grandes ciudades también tienen universidades públicas financiadas por los gobiernos locales.

*Universidad Privada:*Son mucho más caras que las universidades públicas, pero a menudo ofrecen una gama más amplia de programas y suelen atraer a profesores de renombre. Estas universidades pueden ofrecer importantes oportunidades de establecer contactos que pueden ser valiosos a la hora de buscar empleo tras la graduación.

Las Grandes Universidades: Públicas o privadas, suelen tener un mayor número de opciones de estudio que las universidades pequeñas. También pueden ser escuelas de investigación, que atraen a investigadores que realizan un trabajo apasionante e innovador.

Universidades Pequeñas: Pueden ser opciones estupendas para los estudiantes que prefieren un enfoque más personalizado. No todo el mundo se siente cómodo entre una gran multitud, y la experiencia de aprendizaje más personal, respaldada por una menor proporción de alumnos por profesor, puede ser una gran ventaja.

Universidades de Artes Liberales: Estas escuelas se centran en proporcionar un plan de estudios completo en artes liberales, que incluye disciplinas tradicionales como inglés, historia, matemáticas y ciencias, pero muchas también ofrecen programas que te preparan para campos profesionales, como negocios y premedicina.

Universidades Especializadas: A diferencia de las universidades de artes liberales, las universidades especializadas tienen enfoques de estudio más estrechos. Los estudiantes suelen centrarse en una disciplina que les prepara directamente para una carrera específica al graduarse; por ejemplo, escuelas que se centran totalmente en la música, las artes escénicas, las artes visuales, los negocios, la programación de computadoras e incluso los deportes.

Y luego están las academias militares, las escuelas universitarias para un solo sexo y las escuelas parroquiales asociadas a determinadas religiones. Hay muchas opciones entre las que elegir, ¡así que asegúrate de contar con toda la información posible!!

Qué Estudiar: Cómo Alinear Intereses y Metas Profesionales

¿Qué deberías estudiar? Elegir una carrera es una decisión personal, y lo que es adecuado para una persona puede no serlo para otra.

Algunos estudiantes saben exactamente lo que quieren estudiar. Siempre han tenido pasión por la biología, facilidad para los números o amor por la literatura. Otros pueden no estar tan seguros, y eso también está bien. La universidad es un momento para explorar. Puedes empezar por un campo de estudio general, como las ciencias o las humanidades, y luego especializarte a medida que descubres lo que realmente te apasiona. Algunas universidades esperan que te concentres en el campo de estudio elegido de inmediato, pero otras te dan hasta el penúltimo año para declarar tu especialización.

Considera tus metas profesionales a largo plazo. ¿Sueñas con ser enfermera? ¿Propietario de un negocio? ¿Diseñador gráfico? Fíjate en los requisitos educativos de estas carreras. ¿Qué títulos exigen? ¿Qué cursos deberías hacer? Tu especialización debe estar en sintonía con tus metas profesionales, situándote en el camino correcto.

Definiendo Tu "Universidad Ideal"

Hablemos de cómo encontrar la universidad perfecta para ti. No se trata solo de lo académico, sino de encontrar una universidad que se ajuste a tus necesidades, preferencias y metas personales.

Investigación de Posibles Escuelas

Empieza por identificar *lo que es importante para ti.* ¿Buscas una universidad pequeña donde los profesores conozcan a los estudiantes por su nombre o una gran universidad repleta de actividad? ¿Te atraen las escuelas con instalaciones de primera categoría, sólidos programas atléticos o profesores de renombre en tu campo de interés?

La cultura del campus es importante. ¿Buscas una universidad con un fuerte sentido de comunidad, un alumnado diverso o quizás un vibrante ambiente deportivo o artístico? ¿Y la ubicación? ¿Prefieres el ajetreo de una gran ciudad, la tranquilidad de una zona rural o algo intermedio?

La universidad no consiste solamente en aprender de los libros de texto. Es donde creces como individuo, exploras tus intereses y estableces conexiones para toda la vida. Así que tómate tu tiempo para encontrar una universidad que se ajuste no solo a tus metas académicas, sino también a tu personalidad, estilo de vida y aspiraciones. Puedes hacerlo A) Leyendo sus folletos/páginas web y foros en línea—busca detalles sobre los programas académicos, la cultura del campus, los servicios estudiantiles, las opciones de alojamiento y los índices de graduación-, B) Visitando el campus si es posible, C) Consultando a tu consejero de la escuela preparatoria y D) Hablando/entrevistando a ex-alumnos y estudiantes de las universidades en cuestión.

Por supuesto, dado lo cambiante que es el proceso de admisión a la universidad, no deberías tener el corazón puesto en una sola escuela. Intenta averiguar a qué tipo de escuela te gustaría ir, y elabora una lista de varias escuelas que se ajusten a tus criterios.

El proceso de Solicitud de Admisión a la Universidad

El proceso de solicitud de ingreso a una universidad en Estados Unidos se ha vuelto enormemente complicado y competitivo en las últimas décadas. Las cosas han cambiado mucho desde que tus padres pasaron por este proceso, así que *no deberías* depender totalmente de ellos para que te orienten. Planifica temprano, infórmate y busca consejo. Habla con tu consejero y busca en Internet consejos y ayuda adicional. La vas a necesitar.

Decidir en Cuáles Presentar Una Solicitud

Cuando pienses en qué universidades solicitar la admisión, clasifícalas en función de la probabilidad de que te acepten. La terminología común para estas clasificaciones incluye:

Escuelas de "Lejano Alcance": Son universidades *extremadamente selectivas*. Puedes tener calificaciones excelentes, notas perfectas en el examen SAT, todo tipo de premios impresionantes, actividades extraescolares y recomendaciones, y seguiría siendo una completa suerte de tiro al blanco — para cualquiera.

Escuelas "al Alcance": También son escuelas muy selectivas, pero dependiendo de lo bien que se comparen tus calificaciones con el "perfil del estudiante promedio aceptado" de la escuela, puede que tengas una oportunidad. Sin embargo, la admisión en estas escuelas, aunque no es imposible, sigue siendo una lotería, incluso si tienes las suficientes acreditaciones.

Escuelas "Compatibles " o "Objetivo": Se trata de universidades en las que tus méritos académicos coinciden con los del estudiante promedio admitido. Hay muchas posibilidades de que te acepten, pero *nunca están garantizadas*, así que tienes que esforzarte para asegurarte de que tu solicitud destaque.

Escuelas "Seguras" o "Probables": Se trata de universidades con tasas de aceptación más elevadas, en las que es probable que te acepten, ya sea porque tus acreditaciones superan a las del estudiante medio aceptado o porque la escuela tiene muchos lugares disponibles; de nuevo, nunca hay nada garantizado, pero la probabilidad de admisión es bastante buena.

Diversificar tus solicitudes universitarias entre estas categorías puede ayudarte a hacer frente a la imprevisibilidad del proceso de admisión y a maximizar tus posibilidades de entrar en una universidad a la que estés dispuesto a asistir. Sin embargo, **no** solicites admisión en escuelas a las que no quieras ir – incluidas las escuelas seguras o probables. Estarás bien, dondequiera que estudies, siempre que tengas la actitud adecuada y una buena idea de lo que quieres de tu experiencia universitaria.

Establecer Prioridades y Estrategias

El proceso de admisión a las universidades estadounidenses consta de varias categorías de admisión, cada una con sus propias normas y plazos.

Decisión Temprana/ Early Decision (ED)	• Compromiso obligatorio: Si eres admitido, debes asistir.. • El plazo de entrega de solicitudes suele ser a principios de noviembre. • Recibirás la decisión de admisión en diciembre. • Puedes solicitar admisión en una sola escuela bajo la modalidad ED. • Pero tus posibilidades de ser aceptado son mucho, mucho mayores que en la ronda de Decisión Regular.
Acción Temprana/ Early Action (EA)	• No es obligatoria: Puedes solicitar admisión en varias escuelas a través de EA y no estás comprometido a asistir si te admiten. • El plazo de solicitud suele finalizar a principios de noviembre • Los alumnos reciben la decisión de admisión en algún momento entre diciembre y febrero. • Algunas escuelas tienen una variante llamada Acción Temprana Restrictiva (REA), en la que no puedes solicitar plaza temprano (ni EA ni ED) en ninguna otra escuela privada.
Decisión Regular (RD)	• No es obligatoria: Puedes solicitar admisión en tentas escuelas como quieras y elegir entre las que te admitan. • El plazo de entrega de solicitudes puede variar, pero suele ser en enero. • Recibirás la decisión de admisión en marzo o abril.
Admisión Continua/ Rolling Admission	• Las escuelaas revisan las solicitudes a medida que las reciben y toman decisiones a lo largo de la temporada de admisión. • No es obligatoria: Puedes solicitar plaza en varias escuelas de admisión continua y elegir entre las que te admitan. • Puede comenzar en otoño y continuar hasta que se cubran todas las vacantes.

ED o EA tiene tres posibles resultados: aceptado, rechazado o aplazado. Si te aplazan, tu solicitud se volverá a estudiar en la ronda de decisión ordinaria.

Cómo Llenar los Formularios de Solicitud

Puedes solicitar la admisión en universidades concretas a través de sus sitios web específicos o utilizar *plataformas comunes de solicitud* que aceptan muchas instituciones. Estas plataformas te permiten escribir tu información, ensayos y materiales complementarios solo una vez, y enviarlos a varias escuelas.

Necesitarás dar detalles sobre tus antecedentes, experiencias y logros. Sé minucioso y sincero en tus respuestas. Aquí es también donde deberás enumerar las actividades extracurriculares, funciones de liderazgo o proyectos de servicio a la comunidad en los que hayas participado.

Solicitud Común (Common App)	• Es la plataforma de solicitud universitaria más utilizada, aceptada por más de 900 instituciones en EE.UU. y unas pocas fuera del país. • Llenas una solicitud y puedes enviarla a varias escuelas. • Requiere información personal, datos educativos, resultados de exámenes estandarizados (en su mayoría opcionales), actividades extracurriculares y un ensayo personal. La mayoría de las escuelas exigen redacciones adicionales.
Solicitud de Coalición (Coalition App)	• Utilizada por un número menor de universidades en comparación con la *Common App*, pero incluye muchas instituciones de prestigio. • Hace énfasis en la facilidad de pago y el acceso, con el objetivo de servir a los estudiantes que pueden estar menos representados o tener recursos limitados. • Incluye un "casillero" donde puedes guardar documentos y materiales importantes durante tu carrera en la escuela preparatoria.
Solicitud Universitaria Universal (UCA)	• Aceptada por un selecto grupo de universidades. • Ofrece un proceso de solicitud sencillo y, como las demás, te permite solicitar la admisión en varias universidades con una sola solicitud.
Solicitud Común de Admisión a una Universidad Afroamericana (CBCA)	• Puede utilizarse para solicitar la admisión en numerosas universidades históricamente de raza afroamericana (HBCU) a la vez. • Simplifica el proceso de solicitud a varias HBCU y anima a más estudiantes a considerar la posibilidad de asistir a estas escuelas.
Aplicación Específica por Sistema	• Algunos estados y sistemas universitarios, como el sistema de la Universidad de California (UC), el sistema de la Universidad A&M de Texas y el sistema de la Universidad Estatal de Nueva York (SUNY), tienen sus propios portales de solicitud. (La mayoría de ellos también aceptan Common App). • Se utiliza exclusivamente para las instituciones de ese sistema concreto.
Solicitudes Universitarias Individuales	• Algunas instituciones tienen sus propios procesos de solicitud y no utilizan las plataformas compartidas. • Suelen encontrarse en el propio sitio web de la institución.

Reunir los Documentos Necesarios

La mayoría de las solicitudes de ingreso requerirán:

1. Tu expediente académico de la escuela preparatoria, detallando tu desempeño académico a lo largo de los años. Asegúrate de que sabes cómo solicitar la documentación de la escuela. (Además de la Common App, algunas escuelas utilizan programas externos para solicitar expedientes

académicos y cartas de recomendación).

2. Aunque muchas escuelas están eliminando este requisito, algunas siguen solicitando tus resultados en *exámenes estandarizadas* como el SAT o el ACT. Muchas instituciones te permiten auto informar de tus resultados, y luego solo piden informes oficiales a las organizaciones examinadoras antes de la inscripción.

Cómo Escribir Una Declaración Personal Convincente

Tu declaración personal, o ensayo, es tu oportunidad para brillar de verdad, permitiéndote expresar tu voz y tu historia únicas.

Las universidades quieren saber algo más que tus calificaciones y resultados en los exámenes. Quieren entender tus pasiones, valores y visión de futuro. Tu declaración personal es tu oportunidad para compartir estos aspectos de ti.

Sé auténtico y personal en tu redacción. Comparte experiencias que te hayan formado, retos que hayas superado o momentos que te hayan inspirado. Tus metas son dejar una impresión duradera, mostrando a los responsables de admisiones por qué serías una valiosa adición a su comunidad universitaria.

Pedir Cartas de Recomendación

La mayoría de las universidades te pedirán cartas de recomendación. Se trata de reseñas positivas de tus maestros, consejeros o mentores que te conocen bien y pueden dar fe de tus habilidades y tu carácter.

Escoge bien a las personas que te recomendarán. Si es posible, elige a maestros que hayas tenido en tu penúltimo año de estudios. (Las escuelas prefieren tener la imagen más reciente de ti.) Dales tiempo suficiente para escribir la carta. Pídeles que lo hagan en primavera del penúltimo año o a principios de septiembre del último.

Solicitar la admisión en la universidad es algo más que un proceso. Es una oportunidad para reflexionar sobre tus logros, aclarar tus metas y mostrar tu potencial. Así que respira hondo, confía en tus capacidades y sumérgete en el proceso de solicitud con confianza. Asegúrate de marcar todos los puntos sobre las íes – ¡y no olvides cumplir los plazos!

Pagar la Universidad

Evaluación de los Costos

La colegiatura, los libros, el alojamiento, las comidas, el transporte— todos se acumulan. Los gastos de la vida diaria pueden variar mucho dependiendo de si vives en el campus, fuera de él o en casa. El entretenimiento y los gastos varios pueden parecer pequeños ahora, pero pueden suponer una gran diferencia en el costo total. Entonces, ¿qué tan cara es la universidad?

¿Estás preparado para un buen susto? Para cada escuela que te interese, ve a su sitio web y busca la Calculadora del Precio Neto para obtener el costo estimado de asistir a esa escuela en particular, así como la *Contribución Familiar Esperada*. Pero no te asustes todavía. Es posible que puedas reducir este costo si juegas bien tus cartas.

Muchos estudiantes reciben algún tipo de ayuda económica, que puede contribuir a reducir el costo. Investiga todas tus opciones: becas, subvenciones, programas de estudio y trabajo y préstamos. (Más sobre esto en breve).

Cómo Ahorrar para la Universidad: El Plan 529

Un Plan 529 es una cuenta de inversión con beneficios fiscales que te permite a ti y a tus padres ahorrar dinero para tu educación **con anticipación**, ayudando a reducir la carga financiera cuando llegue el momento de pagar la colegiatura. Existen varios tipos de Planes 529.

- *Planes de Ahorro para la Educación:* Estos planes invierten tus contribuciones después de impuestos en fondos de inversión o inversiones similares. La cuenta subirá o bajará de valor en función del rendimiento de las opciones de inversión.

- ***Planes de Prepago de Colegiatura***: Estos planes te permiten pagar por adelantado todos o parte de los costos de una educación universitaria pública dentro del estado o convertirlos para su uso en universidades privadas y fuera del estado.

Pregunta a tus padres si ya tienen una cuenta abierta para ti. Si no es así, habla con ellos sobre la posibilidad de abrir una cuenta lo antes posible.

Reducción de la Colegiatura y las Cuotas

Aquí tienes un par de formas de reducir el costo total de la colegiatura:

Cursos AP (siglas en inglés de Colocación Avanzada): Los cursos AP son cursos con créditos universitarios que puedes hacer mientras aún estás en la escuela preparatoria. Te conceden créditos universitarios a un costo significativamente reducido. Cuando se aplican a una carrera universitaria, pueden reducir el número de créditos que necesitas cursar para graduarte en la universidad, disminuyendo el compromiso de tiempo y dinero por tu parte. Además, los cursos AP son muy atractivos en una solicitud universitaria y pueden aligerar tu carga de estudios en la universidad.

Tú te inscribes en las materias AP en tu escuela preparatoria. No todas las escuelas ofrecen todos los cursos, y tampoco todas las universidades aceptan los créditos AP, así que investiga bien. Los cursos AP conllevan una cuota por examen, pero el costo es mucho menor que el de hacer el mismo curso en la universidad.

Exámenes CLEP: Son exámenes que puedes realizar para obtener créditos universitarios en 2900 universidades de Estados Unidos. Tú eliges un examen de una lista de temas disponibles, pagas una cuota de inscripción más la de un centro examinador o supervisor, y luego haces el examen cuando esté disponible. Las listas de centros de examen están disponibles en el sitio web de CLEP. Los exámenes se ofrecen durante todo el año. Puedes obtener créditos universitarios y reducir tus gastos de educación al mismo tiempo.

Ayuda Financiera

"Ayuda financiera" es un término general que incluye varios tipos de financiación a los que puedes tener acceso para ayudarte a cubrir los costos de la educación universitaria. Incluye:

- *Descuentos en la colegiatura:* A veces los ofrecen las universidades para hacer más accesible el precio de la carrera. Algunos se basan en el mérito y otros en la necesidad. (Se suele decir "ayuda financiera" para referirse a los *descuentos en la matrícula*).

- *Subvenciones:* Suelen estar basadas en la necesidad y no necesitan ser pagadas. Entre las ayudas más comunes están las *Becas Federales Pell, las Becas Federales Complementarias para la Oportunidad Educativa (FSEOG,* por sus siglas en inglés*),* las ayudas específicas del estado para residentes que asisten a instituciones del estado y las ayudas institucionales proporcionadas por las universidades.

- *Becas:* Pueden basarse en los méritos, en las necesidades o en otros criterios, como talentos, intereses o afiliaciones específicas. Por ejemplo, si eres un genio de las matemáticas o una estrella del fútbol, puede que haya becas que puedas conseguir en función de eso. Estas tampoco requieren devolución.

- *Préstamos:* Dinero prestado que hay que devolver, normalmente con intereses.

La solicitud de ayuda financiera comienza con la *Solicitud Gratuita de Ayuda Federal para Estudiantes (FAFSA,* por sus siglas en inglés*).* Considérala como tu pasaporte de ayuda económica. Al presentar la FAFSA, estás solicitando becas federales, fondos de estudio y trabajo y préstamos. Pero eso no es todo. Muchos gobiernos estatales y universidades también utilizan la FAFSA para determinar si puedes optar a sus ayudas.

Algunas escuelas también te exigen que utilices la *Plataforma del Servicio de Becas Universitarias (CSS)* para obtener información adicional, con el fin de determinar tu elegibilidad para sus propias subvenciones, becas y préstamos.

Estos formularios pueden parecer una gran molestia, con extensas preguntas sobre los ingresos, bienes y prestaciones de tu familia. Pero no dejes que eso te desanime. Hay muchos recursos en Internet y en tu escuela para ayudarte a navegar por este proceso. **Investiga mucho**. Habla con tus maestros, entrenador y consejero.

Negociación de Cuotas

Sí, a veces es posible <u>negociar con las escuelas las cantidades a pagar por concepto de colegiatura y la concesión de ayudas financieras</u>. He aquí cómo.

1. **¡Pregunta!** Algunas universidades tienen una historia de estar abiertas a la negociación. Envía un correo electrónico profesional a la oficina de ayuda financiera o a la de admisiones, y argumenta por qué mereces un descuento. **Si has recibido una oferta mejor de otra escuela, aprovéchala.**

2. **Apelar una decisión de concesión de ayuda financiera**: Es posible argumentar por qué deberías recibir más ayuda económica de la que la escuela ha decidido ofrecerte. Escribe una carta profesional en la que expongas tus argumentos.

Podrías intentarlo. ¿Qué tienes qué perder?

Evaluación de las Opciones de Préstamos Estudiantiles

Si las becas, subvenciones y aportaciones familiares no son suficientes para cubrir tus gastos universitarios, los préstamos estudiantiles pueden cubrir esa diferencia. Préstamos federales, privados, subvencionados, no subvencionados— las opciones pueden ser confusas.

Préstamos Federales para Estudiantes	Tipos de interés generalmente másbajos que los préstamos privados.
	• **Préstamos Directos Subsidiados:** Disponibles para estudiantes con necesidades económicas. El gobierno paga los intereses mientras el estudiante está la escuela y durante el plazo.
	• **Préstamos Directos No Subsidiados:** No se requiere necesidad económica. Los estudiantes son responsables del pago de los intereses durante todos los períodos.
	• **Préstamos Directos PLUS:** Están disponibles para los padres de los alumnos. El prestatario es responsable del pago de los intereses.
Préstamos Privados para Estudiantes	• Ofrecido por bancos, cooperativas de crédito y prestamistas privados.
	• Los tipos de interés varían en función de la solvencia, es decir, de la puntuación de crédito.
	• Las conditiones varían según el prestamista.
Préstamos Estatales para Estudiantes	• Lo ofrecen algunos estados a los residentes; las condiciones varían según el estado.
Préstamos PLUS para Padres	• Préstamos federales para que los padres ayuden a pagar la educación de sus hijos.
	• Los padres son responsables de devolver el préstamo.

Tipos de Préstamo Estudiantil

Algunos de estos préstamos tienen límites máximos de préstamo para cada año que estés en la universidad, así que asegúrate de tenerlos en cuenta.

Programas de Estudio y Trabajo en el Campus: Ganando dinero mientras aprendes

Por último, consideremos los programas de empleo-estudio, una mezcla única de trabajo y estudios. Te dan un trabajo a tiempo parcial en el campus, donde ganas dinero a la vez que adquieres una valiosa experiencia laboral. Podrías estar ayudando en un laboratorio, ayudando en la biblioteca o incluso sirviendo comida en el comedor.

Estos programas no solo te ayudan a pagar la universidad, sino que también añaden experiencia del mundo real a tu currículum. Así que, si te interesa hacer varias cosas a la vez y tienes ganas de ganar dinero mientras aprendes, los programas de trabajo-estudio son un gran complemento para tu plan de financiación de la universidad.

Opción 2: CAPACITACIÓN PROFESIONAL Y MILITAR

Luego están las escuelas de capacitación profesional o de oficios. Ofrecen un entrenamiento específico en campos como la salud, la tecnología o los oficios técnicos como la plomería. Los programas suelen ser más cortos, más prácticos y se dirigen directamente a prepararte para una profesión concreta. Muchas veces se pasa por alto que los oficios son carreras lucrativas, pero pueden ser trabajos muy bien pagados con grandes prestaciones médicas y de jubilación. Los sindicatos trabajan para negociar salarios más altos y mayores prestaciones para sus afiliados. Así que quizá quieras marcarte como metas afiliarte a uno.

Capacitación Laboral

Oficios Especializados

Empecemos por los oficios especializados—plomería, electricidad y carpintería. Estas profesiones son como las joyas ocultas del mundo de las carreras. Puede que no estén en el centro de atención, pero son indispensables. Al fin y al cabo, ¿a quién llamamos cuando gotea el grifo, parpadean las luces o se tambalean las estanterías? El sector de la construcción rebosa de oportunidades, como la soldadura, la albañilería y la instalación de techos, por nombrar algunos.

Los aprendizajes en estos oficios ofrecen una mezcla única de instrucción en el aula y entrenamiento en el lugar de trabajo. Aprenderás de profesionales experimentados, trabajarás en proyectos reales y ganarás un sueldo mientras lo haces.

Profesiones del Sector de la Salud

Si te apasiona ayudar a los demás y te interesa el campo de la medicina, carreras como higiene dental, asistente médico y paramédico pueden ser tu vocación.

La preparación profesional en estos campos te equipa con las habilidades técnicas y la experiencia práctica necesarias para marcar la diferencia en la vida de las personas. Desde ayudar a los dentistas con los procedimientos hasta ayudar a los médicos con la atención al paciente o responder a situaciones médicas de emergencia, estas profesiones te sitúan en el corazón de la asistencia médica.

Carreras Tecnológicas y Digitales

Si eres un experto en tecnología, creativo o simplemente te apasiona el mundo digital, las carreras de programación, diseño web o marketing digital pueden ser tu área de acción.

La capacitación profesional en estos campos ofrece una vía rápida para entrar en el mundo digital. Aprendes los más avanzados conocimientos tecnológicos, trabajas en proyectos del mundo real y te introduces en el panorama digital en plena evolución.

Si estás dispuesto a aprender con la práctica y a ganar dinero mientras aprendes, estas carreras merecen ser consideradas.

Alistamiento en las Fuerzas Militares

Alistarse en las Fuerzas Armadas es una opción que muchos estudiantes exploran tanto para aplazar la inscripción en la universidad como para reducir las cuotas de colegiatura. Todos los miembros del servicio son elegibles para una ayuda para los gastos de matrícula que no es un préstamo, sino parte de la paga básica. Además, pueden recibir hasta 36 meses de asistencia financiera para la colegiatura, las cuotas, los libros, los materiales y el alojamiento.

Cada una de las cinco ramas del ejército estadounidense – Ejército, Armada, Fuerzas Aéreas, Marines y Guardacostas – ofrece programas de entrenamiento, como arte y fotografía, noticias y medios de comunicación, aviación, ingeniería y servicios de salud, entre otros. Los enlistados pueden recibir créditos universitarios por su experiencia y entrenamiento, o también pueden recibir formación profesional y técnica para obtener certificados que les acrediten para trabajos civiles, como la electricidad.

Opción 3: EL MUNDO LABORAL

Trabajos de Nivel Inicial: Ganar experiencia, desarrollar habilidades

Tal vez quieras ir directamente a trabajar después de la escuela preparatoria. Los empleos de nivel inicial, aunque a menudo se pasan por alto, son peldaños hacia la cima de tu carrera. Te proporcionan la experiencia inicial, las habilidades y la comprensión del ambiente de trabajo.

Aunque el primer trabajo no sea exactamente en el campo que deseas, no te desanimes todavía. Habilidades como el trabajo en equipo, la resolución de problemas, la administración del tiempo y la comunicación son **transferibles y muy valoradas en diversos sectores**. Así que, mientras introduces datos en esa hoja de cálculo o sirves esos cafés con leche, recuerda que también estás construyendo un valioso conjunto de habilidades y adquiriendo experiencia práctica.

Cómo conseguir trabajo

Una vez que tengas una idea del tipo de trabajo que quieres, es hora de buscarlo. Puedes buscar puestos disponibles en anuncios de trabajo en Internet (por ejemplo, Snagajob), periódicos locales o boletines de anuncios en la escuela o en las cafeterías del barrio. También puedes dirigirte directamente al empleador de tu elección y preguntarle si tiene algún puesto vacante para principiantes.

El siguiente paso es solicitar el trabajo. Por cierto, el proceso de solicitud de un puesto de trabajo es prácticamente el mismo, tanto si se trata de un trabajo recién salido de la escuela preparatoria como de trabajos de verano o prácticas durante la universidad. **Así que, ¡atentos todos!**

¿Qué Es Un *'Resumé'*? ¿Qué Es Un Currículum Vitae (CV)?

Un *'resumé'* o CV es un documento breve (tradicionalmente de una página) que resume tus antecedentes y cualificaciones. La mayoría de las empresas piden una copia del mismo cuando presentas solicitudes de empleo. Así que deberías tener uno preparado.

Redactar un currículum como adolescente puede ser un poco diferente de hacerlo como adulto con años de experiencia laboral. Busca en Internet ejemplos de cómo debe ser uno. Pero aquí tienes algunos consejos que te ayudarán a crear un currículum eficaz:

Información de Contacto: Incluye tu nombre completo, número de teléfono, dirección de correo electrónico y ciudad o localidad. No necesitas incluir tu dirección completa.

Objetivo o Resumen: Escribe una breve declaración (2-3 frases) que describa tus metas profesionales y lo que esperas conseguir con el trabajo que solicitas.

Estudios: Indica tu escuela preparatoria y la fecha de graduación. Si tienes un promedio de notas alto, puedes incluirlo, pero es opcional. Menciona los honores o premios que hayas recibido.

Cursos Relevantes: Si has hecho algún curso que esté directamente relacionado con el trabajo que solicitas (por ejemplo, programación informática para un trabajo tecnológico), indícalo.

Actividades Extracurriculares: Destaca los clubes, equipos deportivos, trabajo voluntario u otras actividades en las que participes. Menciona cualquier función de liderazgo que hayas desempeñado o logros significativos.

Experiencia Laboral: Aunque no hayas tenido un trabajo formal, puedes enumerar otros tipos de experiencia. Cuidar niños, cortar el césped, pasear perros o ayudar en negocios familiares cuentan todos. Incluye el nombre del empleador, las fechas de empleo y una breve descripción de tus responsabilidades y logros.

Habilidades: Menciona cualquier habilidad relevante como programación informática, idiomas extranjeros o certificaciones (por ejemplo, certificación de CPR).

Referencias: Puedes incluir referencias en tu currículum, pero no siempre es necesario para un currículum para adolescentes. Si decides incluirlas, enumera maestros, entrenadores o adultos con los que hayas trabajado y que puedan hablar de tu carácter y habilidades. O puedes decir simplemente: "Referencias disponibles a petición".

Formato: Mantén un formato limpio y fácil de leer. Utiliza viñetas para las listas y elige un tipo de letra sencillo y profesional.

Extensión: Un currículum de una página es suficiente. Concéntrate en la calidad más que en la cantidad.

Utiliza Verbos de Acción: En lugar de " fui responsable de organizar...", di "organicé...".

Sé Sincero: No exageres ni mientas sobre tus experiencias o habilidades. Sé sincero y ten confianza en lo que aportas.

Corrige: Hay que revisar el currículum en busca de errores ortográficos o gramaticales. Pide también a un maestro, padre o mentor que lo revise.

Recuerda que tu currículum es una herramienta para mostrar tu potencial y lo que puedes aportar a un puesto de trabajo. Destaca tus puntos fuertes, y no te desanimes si aún no tienes un largo historial laboral. Tu entusiasmo y tus ganas de aprenderá pueden ser grandes puntos a favor como adolescente que entra en el mercado laboral.

La Entrevista de Trabajo: Tu momento para brillar

Muy bien, has llenado la solicitud de empleo y la has enviado con tu mejor currículum. Algún tiempo después, te llaman para decirte que quieren entrevistarte. No te pongas nervioso(a). ¡Lo has conseguido! Aquí tienes algunos consejos para triunfar en la entrevista:

1. **Investiga y Prepárate:** Investiga la empresa y el puesto de trabajo que solicitas. Comprende sus valores, su misión y su cultura. Revisa la descripción del puesto para identificar las aptitudes y requisitos clave que buscan.

2. **Practica las Preguntas Habituales de las Entrevistas:** Busca en Internet ejemplos de preguntas habituales en las entrevistas de trabajo y practica cómo responderlas con un amigo o familiar. A menudo se hacen preguntas como "Háblame de ti", "¿Por qué quieres este trabajo?" y "¿Cuáles son tus puntos fuertes y débiles?".

3. **Vístete Adecuadamente:** Elige un vestuario profesional y apropiado para la entrevista. Es mejor ir ligeramente demasiado arreglado que mal vestido.

4. **Lleva los Documentos Necesarios:** Prepara una carpeta con copias adicionales de tu currículum, referencias y cualquier otro documento que te haya pedido el empleador.

5. **Llega Temprano:** Planifica tu llegada al lugar de la entrevista con unos 10-15 minutos de anticipación. La puntualidad demuestra tu confiabilidad.

6. **Cuida Tu Lenguaje Corporal:** Mantén un buen contacto visual y ofrece un apretón de manos firme cuando te encuentres con el entrevistador. Estos gestos transmiten confianza y profesionalidad. Siéntate derecho, mantén una buena postura y evita moverte durante la entrevista. Tu lenguaje corporal debe transmitir profesionalismo.

7. **Escucha Activamente:** Presta mucha atención a las preguntas del entrevistador. Escucha con atención y tómate un momento para ordenar tus pensamientos antes de responder.

8. **Haz Preguntas:** Prepara algunas preguntas meditadas para hacer al entrevistador. Esto demuestra tu interés por

el puesto y la empresa.

9. **Mantén la Calma y Sé Positivo:** Las entrevistas pueden ponerte nervioso, pero intenta mantener la calma y la compostura. Mantén una actitud positiva, aunque te enfrentes a preguntas difíciles. Céntrate en tus puntos fuertes y en lo que puedes aportar al puesto. Utiliza ejemplos concretos de tus experiencias para destacar tus capacidades cuando respondas a las preguntas.

10. **Sé Tú Mismo(a):** La autenticidad es muy importante. Sé honesto sobre tus habilidades y experiencias, y deja que brille tu personalidad.

Después de la entrevista, asegúrate de enviar un ***correo electrónico de agradecimiento*** al entrevistador para expresar tu gratitud por la oportunidad y reiterar tu interés por el puesto. Y tanto si consigues el trabajo como si no, considera cada entrevista como una oportunidad de aprendizaje. Reflexiona sobre lo que ha ido bien y las áreas en las que puedes mejorar.

Recuerda, la práctica hace al maestro. Cuanto más te prepares y practiques para las entrevistas, más confianza y éxito tendrás. ¡Que tengas suerte!

Establecer Contactos: Ampliar tus oportunidades profesionales

Piensa en el trabajo en red como en construir puentes. Cada conexión que haces es un puente potencial hacia oportunidades, conocimientos y más conexiones. Trabajar en red no consiste solo en intercambiar tarjetas de visita en actos formales. Se trata de establecer relaciones auténticas.

Empieza por tu círculo actual. Tus compañeros de clase, maestros, colegas o incluso familiares pueden todos formar parte de tu red. Ponte en contacto con gente del campo que deseas. Pregúntales por sus experiencias y puntos de vista. Asiste a eventos del sector, únete a comunidades en línea y mantente activo en plataformas profesionales como LinkedIn.

La creación de redes tiene que ver con el beneficio mutuo. Cuando te dirijas a otros para pedirles consejo u oportunidades, piensa también en cómo puedes contribuir a la relación. Nunca se sabe cómo estas conexiones pueden entrar en juego en tu carrera. Como se suele decir, tu red de contactos es tu valor neto.

Desarrollo Profesional

El desarrollo profesional es la forma en que sigues creciendo y avanzando mediante el aprendizaje continuo y la mejora de tus habilidades. Esto puede implicar asistir a talleres, hacer cursos online, leer publicaciones del sector u obtener certificaciones relevantes.

En el acelerado mundo actual, surgen constantemente nuevas tendencias y tecnologías. Estar al día y actualizar continuamente tus conocimientos puede darte una ventaja en el competitivo mercado laboral. Además, aprender cosas nuevas puede mantenerte comprometido y con energía en tu carrera.

El desarrollo profesional no es cosa por hacer una sola vez. **Es un proceso que dura toda la vida**. Así que mantén viva esa curiosidad, permanece abierto al aprendizaje y sigue ampliando los límites de tu potencial.

Opción 4: TOMAR UN AÑO SABÁTICO

Un año sabático es un descanso que te tomas después de terminar la escuela preparatoria, antes de empezar la universidad o un trabajo. (Una vez que te han aceptado, puedes incluso solicitar la matrícula diferida en una universidad, asegurando tu lugar para más adelante y permitiéndote tomarte un año sabático con tranquilidad). Si se hace bien, puede ser una experiencia increíble que te ayude a crecer y a descubrir más cosas sobre ti mismo(a) y sobre el mundo. He aquí algunas cosas que la gente hace durante un año sabático:

- *Viaja al extranjero:* Los viajes ofrecen inmersión cultural, aprendizaje de idiomas y desarrollo de habilidades para la vida como la resolución de problemas, la adaptabilidad y la independencia.

- *Haz voluntariado:* Tanto si enseñas inglés en una escuela rural, como si construyes casas en una comunidad desfavorecida o conservas la vida salvaje en un parque nacional, el voluntariado puede ofrecer un sentido de finalidad y una perspectiva más amplia de la vida. Asegúrate de investigar a fondo para encontrar programas éticos y de buena reputación.

- *Prácticas profesionales:* Algunas personas consiguen trabajos temporales para ganar dinero o trabajar en lugares relacionados con lo que quieren estudiar o hacer como carrera. Ofrecen experiencia práctica, conocimientos del sector y contactos profesionales. No todas las prácticas son pagadas, y algunas pueden implicar tareas triviales. Encontrar las prácticas adecuadas requiere mucho esfuerzo y un poco de suerte.

- *Iniciar proyectos:* Puedes trabajar en proyectos personales, montar un pequeño negocio o sumergirte en aficiones que te gusten.

Asegúrate de planificar y presupuestar tu año cuidadosamente (¡algunas de estas opciones no son baratas!)— con un claro sentido del propósito. Si no tienes una idea clara de lo que quieres conseguir con tu año sabático, el año habrá terminado antes de que te des cuenta, y acabarás perdiendo tu valioso tiempo. Además, asegúrate de que tu año sabático no se extienda sin rumbo a lo largo de dos, tres o más años. **Hagas lo que hagas, hazlo con un plan ganador.**

Así que, tanto si te atrae la vida académica de la universidad, el entrenamiento práctico de los cursos de capacitación profesional, la experiencia práctica de una pasantía o las aventuras de un año sabático, debes saber que **hay muchos caminos hacia el éxito.** Tu tarea consiste en elegir el que te parezca adecuado y se alinee con tus intereses, valores y aspiraciones.

Tu Opinión = Salvavidas para Otros

¡Hola!

¡Espero que estés disfrutando de este libro!

¿Te ha resultado útil? ¿Informativo?

Si es así, ¡compártelo con otros adolescentes y jóvenes como TÚ!

Tómate 60 segundos para escanear el enlace de abajo y dejar una reseña. Ese puede ser el factor decisivo para que otra persona elija este libro, que cambiará su vida positivamente.

<Para EE.UU.>

O

https://www.amazon.com/review/create-review/?ie=UTF8&channel=glance-details&asin-BOCN6133Y5

<Para el resto del mundo>

Después, continúa con el resto del libro.

¡Está LLENO de grandes consejos sobre cosas muy prácticas de verdad!

7

Manejo del Dinero

Presupuestos, Ahorros y Más

Mientras sigas viviendo bajo el techo de tus padres, probablemente no tengas que preocuparte por los gastos de manutención, y tu experiencia financiera se limite a manejar tu mesada o tus ingresos a tiempo parcial. Pero como en los próximos años intentarás ser cada vez más independiente, es aconsejable que **empieces a prestar atención a cómo funciona el dinero**. Dominar ahora los conceptos básicos puede allanarte el camino hacia las victorias financieras —incluso durante tu adolescencia— y preparar el terreno para un futuro financiero brillante.

LO BÁSICO

Las matemáticas son bastante sencillas: El dinero entra y el dinero sale. Si te sobra algo, puedes gastarlo, ahorrarlo o invertirlo, y si te quedas corto, bueno, de momento tienes a tus padres para recurrir a ellos – ¡pero no durante muchos años más!

Entrada de Dinero: Cómo Conseguir el Dinero

Antes de poder administrar el dinero, ¡necesitas tener dinero! ¿Recibes una paga mensual o semanal de tus padres? Estupendo. Eso ya es algo. Pero si quieres más, necesitas encontrar la manera de conseguirlo. Ganar dinero en la escuela preparatoria no siempre es fácil, sobre todo cuando tienes que preocuparte de las tareas escolares y las actividades extraescolares. Con todo, muchos estudiantes aprovechan sus años de escuela preparatoria para trabajar a tiempo parcial y saborear la independencia económica.

Trabajos a tiempo parcial: Muchas empresas están encantadas de contratar a estudiantes dispuestos a trabajar por las tardes y los fines de semana. Trabajar a tiempo parcial puede proporcionarte algo más que dinero. Puedes adquirir sentido de la responsabilidad y experimentar el trabajo en equipo. Los estudios también demuestran que los estudiantes con empleos a tiempo parcial que trabajan hasta 15 horas a la semana pueden incluso ver mejoras en sus calificaciones. Algunas posibilidades de empleo a tiempo parcial para ti son

- Cafeterías

- Restaurantes de comida rápida

- Cines

- Tiendas de alimentos

- Centros comerciales

- Trabajos de temporada, como consejeros de campamentos, personal de festivales, asistentes de parques acuáticos y de atracciones, y puestos de ventas navideñas.

(Para obtener consejos sobre cómo encontrar y conseguir estos trabajos, revisa el Capítulo 6, Opción 3).

Empleos complementarios: También puedes crear tu propio empleo. Pero mantente alejado de las oportunidades de trabajo ilegítimas o demasiado buenas para ser verdad, porque las opciones ilegales o poco éticas pueden resultar seriamente contraproducentes, si no ahora, en el futuro. Considera éstas en su lugar:

- Pasear perros o cuidar mascotas

- Mantenimiento del jardín

- Cuidar niños

- Dar clases particulares (tutorías)

- Tareas estacionales como decorar casas para los días festivos

• Creador de contenidos en línea o *'streamer'*

Salida del Dinero: Cómo Gastar de Manera Inteligente

Todos los días tienes que elegir constantemente, decidir cómo gastar tu valioso dinero. La clave para gastar sabiamente es sencilla: Saber distinguir entre **lo que necesitas y lo que quieres.**

• *Necesidades:* Son cosas que *debes tener* para sobrevivir y funcionar. Incluyen cosas esenciales como comida, ropa, material escolar, vivienda y atención médica.

• *Deseos:* Son cosas que *está bien tener*, pero que no son realmente necesarias. Pueden ser cosas como comer fuera, ropa de moda o los últimos y mejores aparatos electrónicos.

Antes de hacer una compra, pregúntate a ti mismo(a): ¿Es una necesidad o un deseo? Si es un deseo, considera si se ajusta a tu presupuesto y a tus metas de ahorro. (En caso afirmativo, disfruta de la compra sin sentirte culpable. Si no, puede que valga la pena esperar o prescindir de ella.

No pienses que gastar con prudencia significa negarte todos los gustos. Al contrario, piensa que es tomar decisiones inteligentes que contribuyen a tu salud financiera y a tu felicidad general.

Ahorrar: Fijación de Metas

¿Sabes cómo las ardillas guardan las nueces para el invierno? Ahorrar dinero es exactamente lo mismo. Significa reservar una parte de tus ingresos para un uso futuro. Peo en lugar de nueces, estás ahorrando dinero, y en lugar de invierno, te estás preparando para futuras metas y gastos imprevistos.

Empieza estableciendo **metas de ahorro**. Quizá estés ahorrando para un teléfono nuevo, el boleto de un concierto o incluso para la universidad. Tener unas metas claras puede motivarte a ahorrar con constancia. Es como tener una línea de meta a la vista cuando corres una carrera.

A continuación, considera la posibilidad de crear **un fondo de emergencia**. Se trata de dinero reservado para gastos inesperados, como un teléfono estropeado o un regalo de cumpleaños de última hora. Un fondo de emergencia es una red de seguridad que te ayuda a afrontar las sorpresas sin estrés.

La Regla del 50/30/20

Esta es una de las pautas más fáciles que puedes seguir para iniciar tu hábito de ahorro. Aunque ahora no tengas mucho dinero con el que trabajar, es bueno que adquieras el hábito. Y una vez que te pongas en marcha, mantenlo, y te servirá para el resto de tu vida. Imagina tus ingresos como si fueran un pastel:

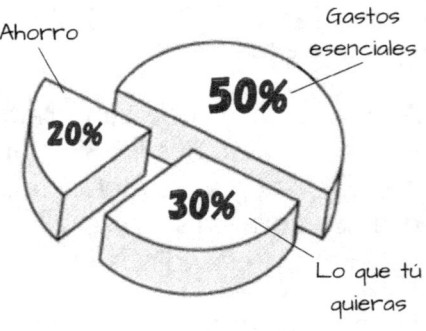

La rebanada de lo esencial (50%): En primer lugar, toma la mitad de tu pastel. Esta parte se refiere a todas tus necesidades, como un techo bajo el que cobijarte, comida en la mesa y ropa que ponerte. Estas son las cosas imprescindibles en la vida, así que esta parte debería cubrir todos tus gastos básicos.

La rebanada de la diversión (30%): A continuación, toma el 30% de tu pastel. Este trozo es para todas las cosas divertidas que te gustan, como ir al cine con los amigos, comprar aparatos modernos o comerte un trozo de pizza. Es tu dinero para gastar en cosas que te hacen sonreír y disfrutar de la vida.

La rebanada del ahorro (20%): El último trozo del pastel, el 20%, es superimportante. Este trozo es tu trozo de ahorro. Es tu escondite secreto para futuras aventuras, grandes sueños y sorpresas inesperadas. Puedes guardar este dinero en una alcancía o, mejor aún, en una cuenta de ahorros en un banco de verdad.

Cada pequeña cantidad cuenta. Incluso ahorrar una pequeña cantidad de forma constante puede sumar con el tiempo. Así que saca la ardilla que llevas dentro y empieza a acumular ahorros.

Cómo Crear Un Presupuesto

Un presupuesto, a nuestros propósitos en este libro, se refiere a la planificación financiera personal. Se trata de planificar cuánto dinero ganar, gastar y ahorrar. "Presupuestar" también es un verbo: puedes presupuestar una cierta cantidad de dinero, digamos $20, para un determinado artículo o actividad, como un regalo para el Día de la Madre. (*Indirecta, indirecta.*)

Para crear un presupuesto personal, primero necesitas conocer tus ingresos y tus patrones de gasto. Observa tus entradas y salidas de dinero durante un periodo de tiempo, digamos semanal o mensualmente. Consigue un cuaderno dedicado a planificar y registrar tus actividades financieras, y lleva un registro de cada centavo que entra y sale.

Basándote en estos datos, puedes empezar a pensar y planificar con anticipación tus gastos y ahorros futuros. ¿Recuerdas las metas de ahorro que te marcaste? Ahora puedes tener una mejor idea de lo que te costaría alcanzar esas metas y para cuándo.

Puedes crear tú mismo una sencilla hoja de presupuesto en un programa como Excel o Google Sheets o, si lo prefieres, descargarte una de las muchas plantillas gratuitas disponibles en Internet.

Un presupuesto no pretende limitar tu libertad. Es una herramienta para darte poder, dándote control sobre tu dinero y conocimiento de tus hábitos de gasto, para que sepas exactamente lo que haces con tu dinero.

CUENTAS BANCARIAS

Una de las herramientas más básicas para administrar tu dinero es la cuenta bancaria. Desafortunadamente, los menores no pueden abrir cuentas bancarias por sí solos. Algunos bancos tienen cuentas bancarias específicas para menores, pero incluso éstas deben ser abiertas por un adulto, que a menudo se añadirá a la cuenta como cotitular de la misma. En cualquier caso, es la mejor forma de aprender a administrar el dinero, así que si aún no tienes una a tu nombre, deberías convertirlo en una prioridad.

Hay dos tipos principales de cuentas bancarias: *de cheques* y *de ahorro*. Cada una sirve para algo, y la mayoría de los adultos tienen ambas, así que vamos a averiguar en qué consisten.

Cuentas de Cheques

Se llaman Cuentas de Cheques porque la gente extiende cheques basados en ellas por determinadas cantidades de dinero y se los da a otras personas como forma de pago. El recipiente (también conocido como beneficiario) del cheque "*deposita*" el cheque en su propia cuenta bancaria. Entonces, el dinero sale de la cuenta del emisor del cheque y entra en la del beneficiario. ¿Lo entiendes, hasta ahora?

Los cheques en papel están desapareciendo ahora que todo el mundo parece utilizar servicios de pago por teléfono móvil como *Venmo*. Pero las cuentas de cheques siguen siendo el tipo más común de cuenta bancaria que se utiliza para guardar el dinero de la gente que necesita estar fácilmente disponible para las *transacciones*— es decir, para hacer y recibir pagos.

Cada banco tiene normas distintas para sus cuentas de cheques, así que si estás interesado en abrir una, necesitas poner atención a lo siguiente:

- *Tarifas:* Las cuentas bancarias no son gratuitas. Muchos bancos cobran comisiones mensuales de mantenimiento por sus cuentas de cheques. Otros tienen paquetes que permiten un determinado número de transacciones al mes por una cuota determinada, y luego cobran un extra si te pasas del límite.

- *Saldo mínimo:*Algunos bancos exigen que mantengas una cantidad mínima – que puede ir de cientos a incluso miles de dólares– en tu cuenta para no cobrarte comisiones de servicio. También puede haber otras reglas, como límites de transacciones y de emisión de cheques, así que asegúrate de que puedes cumplirlas antes de firmar.

- **Comisiones por sobregiro:** Si el saldo de tu cuenta es negativo, es decir, si gastas más de lo que tienes, se denomina *"sobregiro"*— porque has tomado más dinero del que tienes en tu cuenta. Tu banco te cobrará una comisión (digamos, $30) por cada transacción que se realice con saldo negativo. O acabarás *"rebotando"* el cheque — es decir, tu banco se negará a dar el pago al beneficiario previsto porque no tienes dinero para dárselo y, además, te cobrará una *comisión por el sobregiro*. Mientras tanto, al beneficiario que intentó depositar tu cheque en su cuenta, su banco también podría cobrarle una comisión por cheque devuelto (también suele ser de $30). Ahora, el beneficiario está enfadado contigo y te exige que le pagues el pago original que le debes MÁS la comisión que tuvo que pagar a su banco. Eso significa que **acabarás pagando $60 más, ¡además de la cantidad original!** La buena noticia es que muchos bancos ofrecen distintos tipos de paquetes de protección contra los sobregiros, así que averigua cuáles son y elige el que tenga más sentido para tu situación.

Hacer Un Cheque

Como he dicho, en general, escribir cheques está en declive, pero sigue habiendo ocasiones en las que es necesario hacerlo, por lo que debes saber cómo hacerlo. Hay varias clases de cheques que las personas pueden utilizar para hacer pagos o retirar fondos, pero de momento, solo necesitas conocer unos pocos.

Cheques Personales: Cuando abres una cuenta de cheques, por un costo nominal, obtienes talonarios de cheques. Un talonario de cheques es un paquete de cheques que puedes arrancar individualmente por la perforación y entregar o meter en un sobre y enviar a alguien como pago. Cada vez que "extiendes" un cheque, escribes la fecha, el nombre del beneficiario donde dice "Pagar a la orden de", el importe del pago en números, escribes la cantidad en palabras y firmas con tu nombre. Puedes utilizar la línea de memo para anotar para qué era el pago, pero eso es opcional. Por último, no olvides anotar los detalles del cheque en el registro aparte, que viene con el talonario, para controlar tus gastos y evitar sobregiros.

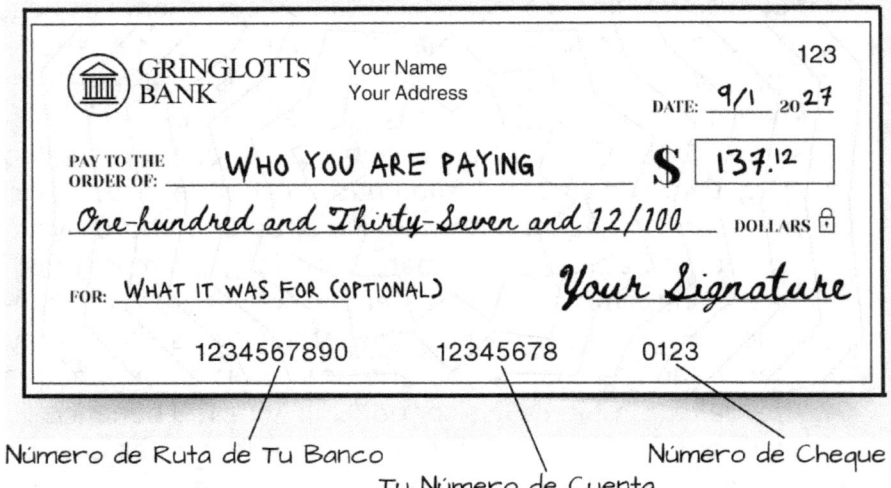

Número de Ruta de Tu Banco   Número de Cheque

Tu Número de Cuenta

Cheques certificados, cheques de caja o cheques bancarios: Son cheques que tienes que ir a tu banco para que los emitan. El banco primero se asegura de que tienes suficiente dinero en tu cuenta para cubrir el importe del cheque, y luego emite, a cambio de una comisión, un cheque especial a nombre de un beneficiario concreto. Como se trata de cheques con la garantía de que no rebotarán, es el método de pago preferido para depósitos grandes, como el depósito de seguridad de un apartamento o el pago inicial de un vehículo.

Cómo Depositar Un Cheque

Si recibes un cheque como pago, puedes depositarlo en tu cuenta bancaria, ya sea en persona en una sucursal, a través de un cajero automático o utilizando una aplicación bancaria dondequiera que te encuentres. (Si no tienes cuenta bancaria, puedes buscar y acudir a una tienda de cobro de cheques en tu barrio, pero no es recomendable, ya que estos establecimientos tienen fama de cobrar elevadas comisiones por sus servicios).

Cuando hagas el depósito en persona en el banco, completa un *formulario de depósito* (hay algunos incluidos en la parte posterior de tu talonario de cheques, y también están disponibles en la sucursal) con tu número de cuenta y el importe del cheque. *Endosa,* es decir, firma el reverso del cheque y entrega el cheque y el formulario de depósito al cajero del banco que está detrás de la ventanilla, y ellos procesarán el depósito por ti.

En un cajero automático, introduce tu tarjeta de débito, sigue las instrucciones de la pantalla e introduce el cheque firmado en la ranura designada. El cajero escaneará el cheque y te pedirá confirmación antes de completar el ingreso. Las aplicaciones de banca móvil te permiten depositar cheques haciendo una foto clara del frente y el reverso del cheque firmado, que luego se envía electrónicamente para su procesamiento.

No olvides *endosar* el cheque firmando en el reverso. De lo contrario, no será oficial y no recibirás el pago. Pero ten en cuenta también que, una vez firmado el cheque, es mejor depositarlo inmediatamente. Si pierdes un cheque endosado y cae en las manos equivocadas, otra persona puede cobrarlo para sí misma; también puede dejarte vulnerable al robo de identidad y a otros delitos financieros. En otras palabras, probablemente sea <u>mejor no firmarlo hasta que estés preparado para depositarlo</u>.

Cuentas de Ahorro

Las cuentas de ahorro son más variadas que las cuentas de cheques. Lo que todas tienen en común es que el dinero que tienes en la cuenta *devenga* -es decir, acumula- *intereses* y crece con el tiempo. (Explicaré los tipos de interés y cómo funcionan un poco más adelante.) Hay muchos tipos diferentes de cuentas que se consideran "cuentas de ahorro", pero aquí cubriremos solo algunas de las más comunes y accesibles para los jóvenes.

Cuenta de Ahorro Normal: Es el tipo más básico de cuenta de ahorro que ofrecen los bancos y cooperativas de crédito. Te permite depositar y retirar dinero cuando lo necesites, al tiempo que obtienes un modesto tipo de interés sobre tu balance. Es una opción flexible para crear un fondo de emergencia o ahorrar para metas a corto plazo.

Cuenta de Ahorro de Alto Rendimiento: Suelen ofrecer un tipo de interés mucho más alto que las cuentas de ahorro normales. Pero suelen ir acompañadas de condiciones más estrictas, como un saldo mínimo elevado, comisiones mensuales y límites a la frecuencia con la que puedes *retirar fondos*.

Cuenta del Mercado Monetario: Es similar a la cuenta de ahorro de alto rendimiento, pero suele ofrecer características adicionales, como la posibilidad de revisar cheques y el acceso a cajeros automáticos. Los tipos de interés suelen ser ligeramente inferiores a los de las cuentas de ahorro de alto rendimiento, pero superiores a los de las cuentas de ahorro normales.

Certificado de Depósito (CD): Los CD son cuentas de ahorro basadas en el tiempo, en las que te comprometes a dejar tu dinero depositado e intacto durante un periodo fijo, conocido como *plazo del CD*, que puede oscilar entre unos meses y varios años. A cambio, sueles recibir un tipo de interés más alto que el de una cuenta de ahorro normal. Retirar fondos de un CD antes de su fecha de vencimiento, es decir, cuando termina el plazo, puede conllevar gastos de penalización.

Las reglas y los tipos varían de un banco a otro, así que asegúrate de comparar todos los pros y los contras antes de decidir qué cuenta abrir.

Cómo Abrir Una Cuenta Bancaria

Una vez que hayas investigado y te hayas decidido por la cuenta que quieres, es hora de abrir una. Puedes hacerlo en persona en una sucursal local, pero hoy en día la mayoría de los bancos te permiten solicitar una cuenta por Internet. Como ya hemos dicho, un menor necesita que un adulto le abra una cuenta. Tendrás que facilitar cierta información personal, como tu nombre, dirección, número de seguro social y datos laborales – y tu padre o madre debe hacer lo mismo. La mayoría de las cuentas requieren un depósito inicial, ¡así que no olvides llevar tu dinero!

ATMs (Cajeros Automáticos)

Normalmente, tu banco te enviará una *tarjeta de débito* para que la utilices para el acceso a tus cuentas en los cajeros automáticos. Estas tarjetas suelen funcionar como tarjetas de débito que puedes utilizar para hacer compras, igual que las tarjetas de crédito. (Más adelante hablaremos de las tarjetas de crédito.) Básicamente, introduces la tarjeta en el cajero y sigues las instrucciones para revisar los saldos de las cuentas, depositar cheques, transferir dinero entre cuentas o retirar efectivo.

Cuando utilices los cajeros automáticos para sacar dinero, recuerda que las comisiones (normalmente alrededor de $3) son esencialmente el precio que pagas por acceder a tu propio dinero. Para ahorrar en estas comisiones, planifica estratégicamente tus retiros de efectivo y reduce el número de veces que los realizas. Por ejemplo, si prevés que necesitarás $100 en efectivo para cubrir tus gastos de la semana, es más rentable retirar los $100 completos de una vez, con una comisión de $3. Si, en cambio, sacas $20 cada vez en cinco transacciones, ¡te costaría $15 en total ($3 x 5) conseguir los mismos $100! Además, muchos bancos ofrecen transacciones gratuitas en cajeros automáticos si utilizas *los suyos* en lugar de los de otros bancos, así que, si es posible, busca un cajero de tu propio banco.

Estados de Cuenta Bancarios

Al final de cada mes, tu banco generará un *estado de cuenta*, que muestra todas las transacciones que hiciste ese mes, clasificándolas como *crédito* (dinero que entró en tu cuenta) o *débito* (dinero que salió de tu cuenta). El *saldo (o balance)* es lo que te queda en la cuenta.

GRINGLOTTS BANK

Checking Account Statement

Luna Goodwill
123 Main Street
Anytown, USA 11111
555-555-5555
lsellanuchi@email.com

STATEMENT DATE: 7/31/20XX

Account Number: 123456789

OPENING BALANCE	CLOSING BALANCE
$$$$$.$$	$$$$$.$$

DESCRIPTION	DEBIT	CREDIT	BALANCE
Pay check deposit -- 7/2/20XX		$$$.$$	$$$.$$
ATM withdrawal @ location -- 7/12/20XX	$$.$$		$$$.$$

CRÉDITO

Probablemente a muchos de ustedes todavía les falten algunos años para tener que ocuparse del tema que se trata en esta sección (ya que ni siquiera puedes obtener tu propia tarjeta de crédito siendo menor de edad). Pero echarle un vistazo ahora te dará una ventaja para que puedas ponerte manos a la obra cuando llegue el momento.

Crédito vs. Débito

El crédito es una adición a tu cuenta, mientras que el débito es una sustracción. Del mismo modo, las tarjetas de crédito y débito pueden parecerse, pero funcionan de forma muy diferente. Si se utilizan con responsabilidad, ambas tienen su lugar en un plan financiero sólido.

Una **Tarjeta de Débito** saca dinero directamente de tu cuenta bancaria, permitiéndote utilizar solo lo que ya tienes. Es una herramienta de transacción en tiempo real que evita los *sobregiros* accidentales.

Una **Tarjeta de Crédito**, en cambio, funciona como un préstamo a corto plazo, porque básicamente estás pidiendo dinero prestado ahora para devolverlo más tarde. Puedes utilizarla para obtener dinero en efectivo o para pagar cosas que quieras comprar hasta tu *límite de crédito*. Cuando realizas una compra, el *emisor de la tarjeta* – que puede ser una empresa de tarjetas de crédito, un banco, una compañía aérea o incluso un establecimiento como Amazon o Starbucks– paga al comerciante en tu nombre y lo registra como dinero que le debes, es decir, la empresa de tarjetas de crédito. Al final del *ciclo de facturación*, devuelves el dinero a la empresa de la tarjeta de crédito, reembolsándole básicamente todo el dinero en efectivo que tomaste y los pagos que hizo por ti durante el mes pasado. Si no pagas la totalidad de la factura, se cobran *intereses* sobre el saldo restante.

Utilizar tarjetas de crédito puede parecer dinero gratis en un momento dado – hasta que veas cuántos intereses se acumulan si no puedes pagarlas en su totalidad cada mes. Trataremos este tema con más detalle enseguida, pero antes hablemos de cómo funcionan las tarjetas de crédito.

Cómo Empezar con Una Tarjeta de Crédito

En general, para obtener una tarjeta de crédito, necesitas solicitarla, y se toma una decisión basada en factores como los ingresos, el historial crediticio y las deudas pendientes. Una vez aprobada, al titular de la tarjeta --que serías tú-- se le asigna un *límite de crédito*, que representa la cantidad máxima que puedes pedir prestada utilizando esa tarjeta.

Desafortunadamente, en EE.UU., al igual que ocurre con las cuentas bancarias, necesitas tener al menos 18 años para solicitar una tarjeta de crédito a tu nombre – incluso para las *tarjetas de crédito para estudiantes*. Pero hay opciones que puedes explorar para empezar a sumergirte en el mundo de las tarjetas de crédito siendo aún menor de edad, así que si te interesa, deberías empezar a buscar:

- *Convertirte en usuario autorizado:* Aunque necesitas tener 18 años para ser el titular principal de una tarjeta de crédito, algunos emisores de tarjetas de crédito permiten que los menores de 18 años se conviertan en usuarios autorizados de la cuenta de tarjeta de crédito de sus padres o tutores. Tendrás tu propia tarjeta de plástico para llevarla en la cartera, pero los cargos se cargarán en la cuenta del adulto. Dependiendo del emisor, podrás *empezar a crear tu propio crédito* (más sobre esto más adelante), pero no serás legalmente responsable de la deuda.

- *Abrir una cuenta conjunta con un adulto:* Algunos bancos/emisores permiten que un menor abra una cuenta de tarjeta de crédito con un cofirmante, normalmente uno de sus padres o un tutor, que sea mayor de edad y acepte hacerse responsable de la deuda si el menor no puede pagar. Los nombres de ambos figurarán en las tarjetas, y tanto tu crédito como el de tu padre o madre se verán afectados por el uso que hagas de la tarjeta.

Una vez que cumplas 18 años, tienes un par de opciones adicionales:

- **Tarjetas de crédito para estudiantes:** Se crearon para ayudar a los menores de 21 años a establecer crédito. Estas tarjetas de crédito son similares a las tarjetas de crédito normales, pero suelen tener límites de crédito más bajos y menos incentivos, como puntos de recompensa. Aunque se denominan tarjetas de crédito para estudiantes, no todas exigen que seas estudiante para poder optar a ellas.

- **Tarjetas de crédito aseguradas:** Son un tipo de tarjeta de crédito que puede ser más fácil de obtener para personas con un historial crediticio limitado o inexistente, incluidos los adultos jóvenes. Estas tarjetas requieren un depósito de garantía, que suele servir como límite de crédito, lo que las asemeja mucho a las tarjetas de débito.

Utilizar tarjetas de crédito aseguradas sigue considerándose pedir dinero prestado con un límite de crédito, por lo que tu saldo seguirá sujeto a cargos por intereses, pero te dan la oportunidad de crear crédito. Las tarjetas de débito, en cambio, utilizan tus propios fondos directamente de tu cuenta bancaria, no implican pedir prestado y no afectan a tu historial crediticio. Tu elección entre una y otra depende de tus metas financieras, de tu historial crediticio y de si quieres acumular crédito o simplemente administrar tu propio dinero.

Una vez superados los 21 años, las restricciones de las tarjetas de crédito disminuyen, pero sigues necesitando demostrar que tienes una fuente de ingresos segura para poder optar a cualquier tarjeta de crédito.

Entendiendo los Términos de las Tarjetas de Crédito

¡Sorpresa, sorpresa! Muchas tarjetas de crédito conllevan diversas comisiones, incluidas *comisiones anuales* por el mero hecho de tenerlas y, a veces, incluso comisiones por transacción. Ten cuidado, porque las tarjetas que ofrecen las mejores recompensas o ventajas suelen tener también las comisiones más elevadas.

Otros términos que debes conocer son:

Periodo de gracia: No siempre llamado por su nombre, el periodo de gracia es el tiempo que transcurre entre el final de tu ciclo de facturación y el vencimiento de tu pago. Por ejemplo, digamos que tu periodo de facturación va del 16 de julio al 15 de agosto. Todos los cargos que hiciste en tu tarjeta durante ese periodo aparecerían en tu factura del 15 de agosto, pero la factura dice que el pago vence el 14 de septiembre. En este caso, del 15 de agosto al 14 de septiembre es el periodo de gracia, y no se cobran intereses durante ese periodo.

Porcentaje de interés anual (TAE): Es el tipo de interés que tu emisor cobra sobre cualquier saldo que tengas después del periodo de gracia. Es básicamente el costo de pedir dinero prestado con tu tarjeta. Lo bueno es que, si pagas la totalidad de la factura cada mes, este costo puede acabar siendo cero.

Pago mínimo: Es la cantidad más pequeña que puedes pagar para mantener tu cuenta al día. Puede ser tan poco como $25 o un porcentaje de tu saldo, lo que sea más alto. Pero recuerda que si solo pagas el mínimo, te cobrarán intereses por el saldo restante.

Al final del *ciclo de facturación* (normalmente un mes), el emisor de tu tarjeta de crédito generará un estado de cuenta, muy parecido a un estado bancario, que mostrará cuándo y dónde has gastado cuánto. También mostrará el importe del pago mínimo y la fecha de vencimiento.

Las deudas de las tarjetas de crédito pueden convertirse rápidamente en una bola de nieve, si no se manejan con responsabilidad. Generaciones de jóvenes antes que tú han cometido el doloroso error de dejar que las deudas de las tarjetas de crédito se les fueran de las manos y han pasado años cavando para salir del agujero financiero. ¡No dejes que esto te ocurra a ti!

Gastar dinero es divertido y fácil, pero devolverlo es una molestia y más complicado. Lo que nos lleva a...

La Regla de Oro: Pagar el Saldo Íntegro y a Tiempo

He aquí la regla de oro del uso de las tarjetas de crédito: **Paga el saldo total** todos los meses. Considéralo tu mantra financiero, tu principio rector en el mundo del crédito. Pagando el saldo íntegro, evitas los intereses y te mantienes libre de deudas. Si no lo haces, ese nuevo par de zapatos que compraste con un 10% de descuento puede acabar costándote MUCHO más.

Si, inevitablemente, no puedes pagar la totalidad de la factura, paga ahora todo lo que puedas, y luego haz todo lo posible por pagar el resto antes de la siguiente fecha de vencimiento – preferiblemente sin cargar más cargos en la tarjeta hasta que lo hayas pagado todo.

Si te olvidas de pagar la factura de la tarjeta de crédito y no pagas al menos el mínimo antes de la fecha de vencimiento, te cobrarán *una comisión por retraso en el pago*, que suele costar unos $30. Además, el tipo de interés puede aumentar. Además, tu tipo de interés podría subir y tu *historial de crédito* podría verse afectado.

Para evitar estas comisiones, establece un recordatorio para pagar tu factura cada mes. Puedes marcarlo en tu calendario, poner un recordatorio en tu teléfono o incluso establecer pagos automáticos con tu banco. Los pagos regulares aseguran que tu salud financiera se mantenga en buena forma.

Cómo Construir y Controlar Tu Puntuación de Crédito

Tu *puntuación crediticia* es como un boletín de notas financiero. Muestra a los posibles prestamistas (para hipotecas, préstamos para coches, otras empresas de crédito, etc.) hasta qué punto pueden confiar en ti para concederte un crédito. Una puntuación de crédito alta puede desbloquear ventajas como tipos de interés más bajos en préstamos e hipotecas, mejores condiciones en las tarjetas de crédito y mucho más.

Escala de Puntuación de Crédito

La forma en que se calculan las puntuaciones de crédito involucra muchos factores, y es bastante complicada, así que no entraremos en ello ahora. Pero construir una buena puntuación crediticia no se consigue de la noche a la mañana. Requiere tiempo, paciencia y hábitos crediticios responsables. Establece un historial sólido cargando tus compras esenciales en la tarjeta, realizando los pagos completos y a tiempo, y manteniendo un saldo bajo; y no solicites demasiados créditos nuevos a la vez.

En el mundo del crédito, ciertas deudas se consideran "*deudas buenas*", que ayudan a aumentar tu puntuación crediticia (si se manejan correctamente), como los préstamos estudiantiles o las hipotecas, porque te ayudan a conseguir metas cuyo valor aumentará con el tiempo – como obtener un título o tener una vivienda propia que puede aumentar de valor. Otras deudas se consideran "*deudas malas*", como las deudas de tarjetas de crédito minoristas o los grandes préstamos para coches. Esto se debe a que este tipo de deuda se asocia a tipos de interés elevados o a un bien cuyo valor disminuye – como un coche cuyo valor cae en cuanto lo sacas del concesionario.

Vigila regularmente tu puntuación de crédito para controlar tus progresos. Muchas empresas de tarjetas de crédito ofrecen acceso gratuito a la puntuación crediticia. También puedes obtener un reporte de crédito gratuito de cada una de las tres principales *agencias de crédito*, es decir, Equifax, Experian y TransUnion, cada año.

Entender las condiciones de las tarjetas de crédito, pagar los saldos en su totalidad, evitar las comisiones por demora en los pagos, maximizar los puntos de recompensa y construir una buena puntuación de crédito: - estos son los aspectos básicos para utilizar el crédito de forma inteligente y construir una base sólida para tu futuro financiero.

TIPO DE INTERÉS

El *tipo de interés* se refiere al porcentaje aplicado a la cantidad inicial – o principal – para calcular el precio de tener acceso a ese dinero. En el contexto del uso de tu tarjeta de crédito, sería la cantidad adicional que pagas sobre el saldo que debes, y en el caso de tu cuenta de ahorro o inversión, sería lo que ganarías sobre el saldo que tienes como saldo en tu cuenta. En ese sentido, el interés es neutral – puede ser un amigo O un enemigo.

Si dejas $100 en una cuenta de inversión que gana un 5% al año, tendrás $105 al final del año; si tienes un préstamo de $100 al 10% TAE, al final del primer año deberás $110. Eso es sólo interés simple. Pero la verdadera diversión empieza con un concepto llamado *interés compuesto*.

El Interés Compuesto: La Fórmula Mágica

El interés compuesto funciona un poco como una bola de nieve que rueda colina abajo. Empieza siendo pequeña, pero a medida que rueda colina abajo, va cogiendo velocidad y más y más nieve, haciéndose cada vez más grande a medida que avanza. El interés compuesto es similar. En lugar de ganar simplemente intereses sobre la cantidad original de dinero, los intereses ganan intereses, creando un efecto de bola de nieve que acelera el crecimiento de tu dinero con el tiempo.

Empiezas con una determinada cantidad de dinero, conocida como capital. Este dinero gana intereses. Luego, al dejar el capital y los intereses que has ganado, ganas intereses sobre la cantidad ahora mayor. En otras palabras, estás ganando intereses sobre los intereses además de sobre el capital.

Digamos que tienes $1,000 en algún tipo de cuenta de inversión con una *tasa de crecimiento anual* del 5%. Al cabo de un año, ganas $50, con lo que tu total asciende a $1,050. En el segundo año, ganas un 5% sobre $1,050, lo que equivale a $50.25. Así, tu total después de dos años es de $1,102.50. ¿Te has dado cuenta de que has ganado más intereses en el segundo año? ¡Así funciona el interés compuesto!

Observa en este ejemplo que si dejas esos $1,000 en tu cuenta, crecerán hasta $1,629 después de diez años, $4,322 después de 30 años, y unos impresionantes $30,426 después de 70 años - sin siquiera añadir un centavo extra.

Una advertencia: ¿Recuerdas que dije que el interés puede ser un amigo o un enemigo? El interés compuesto también puede jugar en tu contra. Si mantienes un saldo, es decir, si no pagas el importe total adeudado en tu tarjeta de crédito mes tras mes, el dinero que debes también puede convertirse en una bola de nieve descontrolada.

Año	Saludo Total	Interés Ganado @5%
0	$1,000.00	$50.00
1	$1,050.00	$52.50
2	$1,102.50	$55.13
3	$1,157.63	$57.88
4	$1,215.51	$60.78
5	$1,276.28	$63.81
10	$1,628.89	$81.44
20	$2,653.30	$132.66
30	$4,321.94	$216.10
40	$7,039.99	$352.00
50	$11,467.40	$573.37
60	$18,679.19	$933.96
70	$30,426.43	$1,521.32

El interés Compuesto en Acción

Otras lecciones aprendidas del interés compuesto

Así que ahora que comprendes los efectos de bola de nieve del interés compuesto, puedes ver:

- La importancia de empezar a ahorrar e invertir lo antes posible. Cuanto antes empieces, más tiempo tendrá tu dinero para crecer. Es como plantar una semilla y darle tiempo suficiente para que crezca y se convierta en un árbol poderoso. Incluso empezar con una pequeña cantidad puede dar lugar a un crecimiento significativo con el tiempo, gracias al poder del interés compuesto. En cambio, si empiezas años más tarde, puedes invertir la misma cantidad de dinero y no ver ni de lejos el tipo de crecimiento del que habrías disfrutado si hubieras empezado antes.

- Que añadir dinero regularmente a tu cuenta (es decir, aumentar el capital de la misma) aumentará significativamente tu saldo. Es como hacer rodar bolas de nieve cada vez más grandes colina abajo, amplificando el efecto de bola de nieve del interés compuesto.

- **La sabiduría de reinvertir los intereses ganados.** Es un término elegante para dejar todo tu dinero, incluidos los intereses que ganas, en tu cuenta y permitir que gane más intereses. Es una estrategia sencilla, sin intervención, que deja que tu dinero trabaje por ti. Así que, ¡siéntate, relájate y observa cómo crece tu dinero!

La Inflación: El Elemento Negativo

Antes de que te emociones con la perspectiva de $30,000 como se ilustra en la última sección, tengo malas noticias para ti: *La inflación.*

La inflación se refiere al aumento de los precios de los bienes y servicios a lo largo del tiempo. Digamos que la tasa de inflación es del 3% anual. Esto significa que lo que (llamémoslo un "*aparato*") puedes comprar por $100 este año te costará $103 el año siguiente. Dicho de otro modo, tus $100 valdrán menos el año que viene, ya que no serán suficientes para comprar ese mismo objeto que puedes comprar con ellos hoy. (Una forma más elegante de expresarlo sería: El *poder adquisitivo* de tus $100 disminuirá gradualmente con el tiempo debido a la inflación).

Y por eso guardar dinero en efectivo bajo el colchón durante años no es una buena idea. Es mejor que gastarlo en cosas frívolas, seguro, pero básicamente estarías dejando que tu dinero perdiera valor. Dejar el dinero en una cuenta de ahorro normal es mejor, pero desafortunadamente no por mucho.

Esto se debe a que el interés que obtienes por tu dinero en una cuenta de ahorro normal suele ser muy bajo, a menudo inferior al 1%, mientras que la tasa de inflación puede fluctuar desde un 1.2% hasta un 8%, como ha ocurrido en los últimos años. Esto significa que la tasa de crecimiento de tu dinero en la cuenta de ahorro simplemente no puede seguir el ritmo de la inflación.

No necesitas saber matemáticas complicadas. Todo lo que necesitas es comprender que el dinero de tu cuenta de ahorros no crece tan rápido como suben los precios de las cosas.

Por eso es esencial considerar *vehículos de inversión* que, con suerte, permitirán que tu dinero crezca más rápidamente que la inflación.

INTRODUCCIÓN A LAS INVERSIONES

Empezar a invertir en la adolescencia puede sonar un poco prematuro, pero ahora que entiendes la importancia de empezar temprano, puedes ver cómo saber sobre ello ahora no te puede perjudicar. He aquí algunos consejos:

Empieza con poco: puede que no tengas mucho dinero, pero incluso un poco puede ser el pistoletazo de salida. Eso sí, asegúrate de que es dinero que no vas a necesitar de inmediato.

Consigue un guía: Tener un mentor adulto, como uno de tus padres, que te ayude a configurar las cuentas y a tomar decisiones es muy útil, sobre todo si tienes menos de 18 años.

Riesgo: Invertir significa que tu dinero puede subir o bajar. Es un poco como una montaña rusa, pero ese mismo riesgo puede dar lugar a mayores recompensas. Puedes perder dinero, pero mantén la calma. Como eres joven, tienes tiempo para recuperarte de cualquier caída.

Conoce tus cosas: Aprende sobre *acciones, fondos, bonos* y otras cosas interesantes sobre inversión. Tener un plan y ser inteligente al respecto te preparará para un futuro financiero brillante.

Recuerda, invertir es como plantar las semillas de un árbol del dinero. Tarda en crecer, pero a la larga puede ser muy gratificante.

Términos Básicos de la Inversión

Acciones ("Stocks", también conocidas como "Shares"): Son esencialmente piezas de propiedad de empresas que se negocian entre vendedores y compradores en el *mercado bursátil.* Cuando compras una *acción*, te conviertes en copropietario, o accionista, de esa empresa, con la esperanza de compartir sus beneficios.

Puedes ganar dinero de dos formas con las acciones.

1. **Los Dividendos:** Si una empresa es rentable, a veces paga a sus accionistas una bonificación, llamada dividendo. Puedes cobrar ese dividendo en efectivo o reinvertirlo en la empresa comprando más acciones.

2. **Plusvalías:** Los precios de las acciones fluctúan con el tiempo. Si el precio de una acción que tienes sube, puedes venderla por más de lo que pagaste por ella obteniendo un beneficio – y esa *ganancia* se llama *plusvalía*.

Las acciones no son solo lo que puedes comprar en el mercado financiero. También puedes comprar bonos.

Bonos: Básicamente son pagarés, o préstamos, que puedes comprar para ganar intereses sobre ellos. Hay dos tipos principales de bonos – los bonos corporativos y los bonos del Estado.

- **Bonos Corporativos:** Cuando compras un bono corporativo, básicamente estás prestando dinero a una empresa. Se comprometen a devolverte lo que les prestaste (el costo del bono) junto con un determinado tipo de interés.

- **Bonos del Estado:** Son parecidos a los bonos corporativos, pero los emite un gobierno – federal, estatal, municipal, etc. – para ayudar a pagar proyectos públicos, como la construcción de edificios, etc. – para ayudar a pagar proyectos públicos como la construcción de puentes. Los *Bonos del Tesoro de EE.UU.* se consideran una de las opciones de inversión más seguras, porque el riesgo de que el gobierno federal no pague, es decir, no cumpla sus promesas, es bastante bajo.

Empresas Corredoras: Una empresa corredora bursátil es una empresa que pone en contacto a compradores y vendedores con los productos de inversión que les interesan. Ganan dinero cobrando comisiones u honorarios por completar las transacciones. Hay empresas online para personas que no tienen necesariamente grandes cantidades de dinero para invertir, que cobran comisiones más bajas que algunas empresas de intermediación más grandes que tratan principalmente con clientes corporativos y personas ricas.

Fondos de Inversión: Si te abruma la idea de elegir acciones o bonos individuales, los fondos de inversión pueden ser una buena idea. Imagina un fondo de inversión como una cesta de varias acciones o bonos. Cuando compras en un fondo de inversión, estás comprando una parte de esta cesta. Es una forma de *diversificar* tus inversiones y repartir el riesgo, sin tener que elegir tú mismo acciones o bonos individuales, aunque las comisiones que te cobran pueden reducir tus beneficios.

Hay muchos otros vehículos de inversión y tipos de cuentas, como seguros de vida, cuentas de jubilación, etc., en los que no entraremos aquí. Pero creo que ya te has hecho una idea: <u>Invertir no es hacerse rico rápidamente. Se trata de hacer crecer tu dinero a largo plazo.</u> Así que tómate tu tiempo, investiga y toma decisiones con conocimiento de causa. Recuerda que la mayoría de las inversiones conllevan riesgos, así que no pongas todos los huevos (o tu dinero) en la misma canasta.

IMPUESTOS Y NÓMINAS

Todo el mundo tiene que pagar impuestos de una forma u otra, no solo los adultos. Cada vez que compras algo, como una camisa nueva, pagas el impuesto sobre la venta de ese artículo, por ejemplo. Pero aquí estamos hablando sobre todo de impuestos sobre los ingresos. Seguro que has oído a los adultos a tu alrededor quejarse de ellos, pero piensa en los impuestos como una membresía que pagas por formar parte de tu país, estado o ciudad. Los impuestos que recauda el gobierno se utilizan para financiar servicios públicos como el transporte, las carreteras, las escuelas y la atención de la salud. Es un mal necesario y un deber cívico.

Impuestos Sobre los Ingresos: W-4, W-2, 1099 y Declaraciones de Impuestos

¡Noticia de última hora! En el momento en que empiezas a ganar una buena cantidad de dinero, ya sea trabajando o invirtiendo, necesitas empezar a *pagar impuestos sobre los ingresos* y a presentar *declaraciones de impuestos*.

La declaración de impuestos, a pesar de cómo suena el nombre, no es una especie de reembolso de dinero que te da el gobierno. Es un papeleo que *tú* tienes que presentar cada año antes del 15 de abril a las agencias gubernamentales. Y NO, no es solo para mayores. Los menores también tienen que pagar y declarar el impuesto sobre los ingresos, una vez que sus ingresos del año superan determinados niveles. Vayamos por partes.

La W-4

La forma W-4, conocida oficialmente como Certificado de Retenciones del Empleado, es un formulario que tu empleador te hará llenar cuando comiences un nuevo trabajo. Con él, le dices a tu empresario cuánto dinero debe *retener* de tu nómina en concepto de impuestos. Es muy importante porque, si no lo completas correctamente, puede que te retengan demasiado poco (y debas dinero al presentar *la declaración de impuestos*) o demasiado (y recibas una paga menor, pero te devuelvan los impuestos pagados de más al presentar la declaración). Por tanto, necesitas encontrar el equilibrio adecuado. He aquí cómo se llena una W-4:

Información Personal: *Empieza por escribir tu nombre, dirección y número de Seguro Social.*

Estado Civil: *Se trata de tu estado civil. Debería explicarse por sí mismo.*

Múltiples Empleos o Esposo/a Trabaja: *Esto es un poco más complicado, así que si esto se aplica a tu caso, consulta a alguien que pueda ayudarte.*

Dependientes: *Si tienes hijos u otras personas a tu cargo, puedes declararlos aquí. Cuantos más dependientes reclames, menos dinero te sacarán para impuestos.*

Otros Ajustes: *De nuevo, si tienes alguna deducción o crédito extra que quieras tener en cuenta, puedes añadirlos aquí, pero te aconsejo que consultes a alguien familiarizado con tus circunstancias.*

Firma y Fecha: *No olvides firmar y fechar el formulario.*

La W-2

Si eres empleado, todos los años recibirás de tu empresa, a finales de enero, un formulario W-2 correspondiente al año que acaba de terminar. Este formulario informa de tus ingresos anuales y de la cantidad de impuestos retenidos de tu paga según la forma en que hayas llenado la W-4.

Recibirás una copia de esto, y también la recibirá el gobierno. Lo necesitas para hacer la declaración de impuestos.

22222	a Employee's social security number 123-45-6789	OMB No. 1545-0008		
b Employer identification number (EIN) 12-3456789			1 Wages, tips, other compensation $$,$$$.$$	2 Federal income tax withheld $,$$$.$$
c Employer's name, address, and ZIP code			3 Social security wages $$,$$$.$$	4 Social security tax withheld $,$$$.$$
Employer 1000 Main Boulevard Anytown, USA 11111			5 Medicare wages and tips $$,$$$.$$	6 Medicare tax withheld $$$.$$
			7 Social security tips	8 Allocated tips
d Control number			9	10 Dependent care benefits
e Employee's first name and initial Last name Suff.			11 Nonqualified plans	12a X $,$$$.$$
Luna N Goodwill 123 Main Street, Apt.7 Anytown, USA 11111			13 Statutory employee Retirement plan X Third-party sick pay	12b X $,$$$.$$
			14 Other	12c
				12d
f Employee's address and ZIP code				
15 State Employer's state ID number ST XXXX	16 State wages, tips, etc. $$,$$$.$$	17 State income tax $,$$$.$$	18 Local wages, tips, etc. $$,$$$.$$	19 Local income tax $$$.$$ 20 Locality name XX

Form **W-2** Wage and Tax Statement   20XX   Department of the Treasury—Internal Revenue Service

La 1099 ("Diez Noventa y Nueve")

Un formulario 1099 es como un recibo especial que demuestra que has ganado dinero de fuentes distintas a un trabajo normal. Hay varios tipos diferentes de 1099, dependiendo de cómo se haya ganado el dinero. Si eres contratista independiente o autónomo ("*freelancer*"), probablemente recibirás un formulario 1099-NEC de cada cliente para el que hayas trabajado; y recibirás el 1099-INT de tu banco por los intereses que hayas ganado. Todas las 1099 se envían a finales de enero de cada año, igual que las W-2.

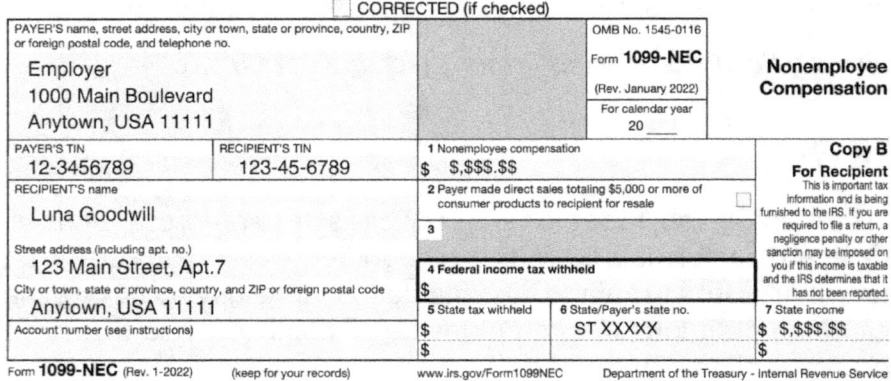

Por favor, debes saber que <u>no puedes ocultar tus ingresos a las autoridades fiscales</u>, ya que reciben copias de los mismos W-2 y 1099 de tus empleadores, clientes y bancos. Lo sentimos.

Declaraciones de Impuestos

Una vez que tengas los formularios W-2 y 1099, puedes presentar tu declaración de impuestos. Una declaración de impuestos es un formulario que presentas al gobierno y que resume tus ingresos, deducciones y pagos de impuestos del año.

Hay varios niveles de impuestos que tienes que pagar, dependiendo de dónde vivas. A nivel del gobierno federal, al menos tienes que presentar algún tipo de *formulario 1040* al *Servicio de Impuestos Internos (IRS)*. A menos que vivas en uno de los estados "libres de impuestos sobre los ingresos", tienes que presentar una declaración de impuestos estatal. Dependiendo de dónde vivas, es posible que también tengas que presentar declaraciones de impuestos locales, es decir, del condado o de la ciudad.

Llenar y presentar los formularios de la declaración de impuestos puede ser una tarea bastante intimidante, incluso para los adultos experimentados. No seas tímido a la hora de pedir ayuda. Pregunta a tus padres o al asesor fiscal de tus padres, busca recursos en la escuela o busca programas informáticos de preparación de impuestos por Internet que te guíen paso a paso por el proceso.

Esencialmente, es un proceso de 5 pasos:

1. Suma todos tus *ingresos brutos.*

2. Descuenta las *deducciones* a las que tengas derecho para calcular tu *base fiscal.*

3. A continuación, busca cuál es tu *tipo de impuesto* según el *nivel impositivo* en el que te sitúen tus ingresos fiscales. (10-37%, según tus ingresos)

4. Calcula tu responsabilidad fiscal. Diferentes partes de tus ingresos están sujetas a diferentes tasas impositivas. Hay tablas y calculadoras fiscales que pueden ayudar con este cálculo.

5. Calcula cuánto le debes al gobierno restando de tu obligación fiscal la cantidad que ya has pagado a través de la retención. (Puedes encontrar esto en tu formulario W-2).

Si acabas con un número negativo, significa que has pagado más impuestos de los que debes, por lo que recibirás un *reembolso de impuestos.* Si acabas con un número positivo, significa que no pagaste lo suficiente mediante retención, por lo que necesitarás pagar la cantidad que debes.

Tu Cheque Salarial y Tu Recibo de Sueldo

Volvamos a tu cheque salarial. ¿Cómo se calculó el importe? La respuesta está en el talón de pago que viene con el cheque.

Imagínate una pizza, con rebanadas de distintos tamaños que representan diferentes partes de tu salario. La pizza entera, antes de quitar ningún trozo, es tu **salario total**. Es el total de tus ingresos antes de hacer ninguna deducción. Ahora, imagina que te quitan de la pizza unos trozos de distintos tamaños. Estas rebanadas representan las *deducciones de la nómina* por impuestos, *Seguro Social, Medicare* y quizás las aportaciones a un plan de jubilación o seguro médico. Lo que queda de tu pizza después de quitar estas porciones es tu *salario neto* o sueldo real. Es la cantidad que recibes realmente en tu cuenta bancaria (mediante *depósito directo*) o a través del cheque de tu salario.

Employer *xx-xxxxxxxx* 1000 Main Boulevard Anytown, USA 11111						**Earnings Statement** Stub Number **123**	
Employee Info		SSN	Pay Schedule		**Pay Period**		Pay Date
Luna Goodwill 123 Main Street, Apt.7 Anytown, USA 11111		XXX-XX-XXXX	Weekly		Beginning Date to End Date		Jul 31, 20XX
Earnings	Rate	Hours	Total	YTD	Faxes / Deductions	Current	YTD
Regular Earnings	$10.00	40 hrs	$400.00	$$$$$$	Federal Withholding	$$$$$	$$$$$$
					FICA - Social Security	$$$$$	$$$$$$
					FICA - Medicare	$$$$$	$$$$$$
					State Withholding	$$$$$	$$$$$$
					Employer Taxes		
					FUTA	$$$$$	$$$$$$
					SUTA	$$$$$	$$$$$$
YTD Gross $$$$$$$$	YTD Taxes / Deductions $$$$$$$		YTD Net Pay $$$$$$$$		Gross $$$$$$	Taxes / Deductions $$$$$	**Net Pay** $$$$$$

YTD stands for "Year-To-Date"

Así que, la próxima vez que recibas tu cheque de sueldo, tómate un momento para mirar el talón de la nómina y entenderlo. Mira tu salario total, tus deducciones y verifica tu salario neto. Cuanto mejor lo entiendas, más eficazmente podrás administrar tu dinero y detectar cualquier error en tu nómina.

Cuando llegues a la edad adulta, tener un buen control de tu dinero puede facilitarte muchas cosas. Este capítulo te ha dado las bases, pero sigue aprendiendo siempre. Al fin y al cabo, ser inteligente con tu dinero significa más libertad para hacer las cosas que te gustan.

8

Vivienda y Labores Domésticas

Vida Independiente

Terminar la escuela preparatoria es un importante rito de paso a la edad adulta. Ahora, cuando te enfrentas al siguiente capítulo, te espera una gran decisión: ¿Dónde vivirás? Tanto si estás pensando en quedarte en casa un poco más, mudarte a una residencia universitaria o alquilar tu primer apartamento, vamos a explorar los pros y los contras de cada elección.

OPCIONES DE ALOJAMIENTO DESPUÉS DE LA ESCUELA PREPARATORIA

Vivir en Casa

Para muchos de ustedes, seguir viviendo en casa después de la escuela preparatoria es una opción cómoda y económica. Si vas a ir a la universidad cerca de casa o has decidido incorporarte al mundo laboral directamente después de la preparatoria, puede tener sentido ahorrar dinero viviendo en casa y desplazándote a diario. Para algunos, es una tradición vivir en casa durante más tiempo. Vivir en casa también te da la oportunidad de contribuir a las tareas domésticas, aprender a administrar tus asuntos y quizás empezar a pagar un alquiler parcial o ayudar con las facturas como forma de facilitar gradualmente la independencia. Es un lugar seguro para empezar a asumir responsabilidades más adultas sin dejar de tener una red de seguridad.

Vida en la Residencia de Estudiantes

Vivir en una residencia de estudiantes (conocidos como "*dorms*"), por otra parte, es la experiencia universitaria por excelencia para muchos estudiantes. Imagina una comunidad de compañeros, todos viviendo juntos, estudiando, pasando el rato y experimentando las alegrías y los retos de la vida universitaria. Vivir en un dormitorio ofrece un ambiente social único, con actividades organizadas, camaradería y un sistema de apoyo entre compañeros. También aprenderás a desenvolverte en la vida en común, a respetar horarios diferentes y a resolver desacuerdos.

Rentar un Apartamento Solo o con Compañeros de Piso

Si anhelas más independencia, alquilar un apartamento puede ser la opción adecuada para ti. Podrás crear tu propio espacio vital, establecer tus propias reglas y experimentar lo que es vivir realmente por tu cuenta, o al menos lejos de tus padres. Dependiendo de la ubicación, puede que te ahorres dinero rentando en lugar de pagar alojamiento y comida en tu universidad. Muchos que alquilan por primera vez optan por compartir el alquiler con compañeros de piso para ahorrar dinero, repartirse las tareas y no sentirse solos. Sin embargo, vivir con otros requiere compromiso, respeto por el espacio de cada uno y una comunicación clara sobre responsabilidades y expectativas.

De cualquier modo, aprenderás a administrar los pagos del alquiler, las facturas de los servicios públicos y la compra de alimentos. También tendrás que ocuparte de cocinar, limpiar y mantener tu espacio vital.

Cuando busques un apartamento, recuerda dar prioridad a la seguridad y ten cuidado con los estafadores. Sigue estos consejos para mantenerte seguro:

- Busca apartamentos en lugares <u>seguros y de buena reputación</u>

- No visites apartamentos solo, e intenta evitar ir por la

noche

- No des a nadie más información personal de la necesaria hasta que vayas a presentar la solicitud de alquiler.

- <u>Revisa con el departamento de policía local</u> la zona y las cosas a las que debes prestar atención

Cuando busques compañeros de departamento, es importante encontrar a alguien que comparta una perspectiva similar sobre cómo será la vida cotidiana. Por ejemplo, si eres una persona introvertida que busca un espacio vital tranquilo y apacible, no querrás un compañero de piso que planee salir de fiesta todos los fines de semana.

Consejos para encontrar un buen compañero de cuarto

- *Corre la voz.* Publica un anuncio de "Se busca compañero de apartamento" en Internet, en sitios como Roommat es.com, o en los boletines de anuncios de las cafeterías locales. Si vas a la universidad, publícalo en sitios físicos y electrónicos. Muchas universidades tienen oficinas dedicadas a ayudar a los estudiantes a encontrar alojamiento, así que aprovéchalas. Además, reúnete con amigos, familiares y conocidos para ver si conocen a alguien que pueda estar interesado.

- *Busca.* Busca a otras personas que estén buscando compañeros de apartamento recurriendo a los mismos recursos anteriores.

- *Empieza temprano.* Puede llevar tiempo encontrar a la persona adecuada, y no querrás elegir a alguien que realmente no encaje bien solo porque estés desesperado por cubrir ese espacio.

- *Sé específico.* Comparte todos los detalles que puedas sobre lo que buscas en un compañero de cuarto, incluidos algunos de tus intereses personales.

- *Reúnete primero*. Conocer a una persona cara a cara

puede darte una impresión que la comunicación en línea no puede darte. No vayas solo, y queda en un lugar público. Lleva una lista de preguntas sobre estilo de vida, expectativas y hábitos generales.

- **Finanzas.** Asegúrate de que pueden cubrir los gastos. Puedes preguntar sobre los ingresos, o incluso asegurar un depósito.

- **Revisa los antecedentes.** Pide y llama a referencias para ver si hay alguna bandera roja antes de aceptar compartir el alquiler.

Cómo Entender las Condiciones de la Renta

- **Contrato de renta:** Acuerdo entre el arrendatario y el arrendador. En él se describen las condiciones específicas del alquiler, como quién está en el contrato, por cuánto tiempo, por cuánto se alquila y otros detalles.

- **Arrendador:** La persona propietaria del inmueble que lo alquila: el casero/propietario.

- **Arrendatario:** La persona que alquila la vivienda para vivir en ella – es decir, tú.

- **Periodo de alquiler:** La duración del contrato de renta. También debe incluir información sobre el plazo de preaviso que necesitas para romper el contrato, cómo renovarlo, etc.

- **Cantidad de la renta:** La cantidad que pagarás mensualmente, en un día concreto de cada mes.

- **Depósito de garantía:** Es la cantidad de dinero (normalmente igual a un mes de alquiler) que das al propietario por adelantado, *además* de tu primer mes de alquiler, y que ellos guardan como seguro en caso de que se necesiten reparaciones cuando te mudes. Si el piso o la casa están en buenas condiciones, te devolverán el depósito de seguridad cuando te mudes.

- **Co-firmante:** Es alguien que firma el contrato de alquiler contigo, como tu compañero de piso, y es responsable de una parte del alquiler mensual.

- **Aval:** Es alguien que se compromete a pagar el alquiler en caso de que tú no puedas o no quieras pagar. A menudo, para los que alquilan por primera vez, los padres firman como avales.

- **Servicios públicos:** Cosas como el gas, la electricidad y el agua se llaman colectivamente "*servicios públicos*". Revisa siempre si están incluidos en el costo del alquiler o si son aparte. Pueden suponer un costo mensual adicional importante, así que asegúrate antes de firmar.

Además, puede que el arrendador no te exija tenerlo, pero quizá quieras plantearte un *seguro de alquiler*. Te protege en caso de daños por incendio, accidentes o incluso de pérdida de objetos por robo. Las tarifas varían, así que busca lo que más se ajuste a tu situación.

LIMPIAR, ORGANIZAR Y ORDENAR

El truco para mantener tu espacio limpio y ordenado es hacer un poco a lo largo del día, todos los días, para que no se convierta en un proyecto gigantesco para el que tengas que reservar medio día. Repasemos los aspectos básicos de la limpieza y la organización que mantendrán tu casa impecable y siempre lista para recibir visitas.

La Rutina para Ordenar

Considera esta rutina diaria:

1. **Empieza por hacer tu cama.** Es una tarea insignificante, pero ordena tu habitación al instante y hace que tu día comience con una sensación de logro desde el primer momento.

2. **A continuación, dirígete al cuarto de baño.** Limpia las

superficies, limpia el lavabo y vigila cualquier desorden que necesite atención inmediata, como mechones de pelo o loción derramada.

3. **En la cocina,** asegúrate de que los platos están lavados y guardados, los mostradores limpios y el suelo sin migajas.

Unas tareas de limpieza rápidas como éstas, realizadas con regularidad, mantendrán tu espacio vital en buen estado y evitarán que la suciedad se convierta en montones formidables. Mantener una casa limpia no solo consiste en reducir al mínimo los gérmenes, sino que también ayuda a mantener alejadas a alimañas como cucarachas y roedores.

La Inmersión Profunda

De vez en cuando, tu casa necesita una limpieza a fondo. <u>Empieza por arriba y ve bajando</u>. Limpia el polvo de los ventiladores de techo, las lámparas y las estanterías altas con un plumero o un paño antes de pasar a los muebles y las superficies más bajas. Así no tendrás polvo cayendo sobre las zonas que ya has limpiado.

En el baño, frota bien la ducha, la bañera y el inodoro. Utiliza un limpiador multiusos o de baño y una esponja o cepillo grueso para cepillar las paredes de la ducha, la bañera y el lavabo. Utiliza un limpiador de tu elección y un cepillo especial para inodoros para fregar el interior de la taza, y usa una esponja para limpiar la parte superior y exterior de todo el inodoro. Limpia espejos y ventanas con un limpiacristales para que brillen sin rayas.

En la cocina, limpia el horno, la estufa y el refrigerador. Probablemente el fregadero también necesite una limpieza a fondo.

Por último, **aspira** las alfombras y el suelo. Puedes incluso trapear los suelos de cerámica o madera si quieres que brillen de verdad.

Una buena sesión de limpieza a fondo puede parecer una tarea titánica, pero puede dar nueva vida a tu espacio vital y facilitar el mantenimiento diario.

Consigue un balde o un carrito de limpieza que puedes comprar en la mayoría de las tiendas de ferretería para mantener tus materiales organizados y poder moverlos fácilmente de una habitación a otra. Entre los artículos de limpieza que debes tener están:

- **Limpiador Multiusos**: un limpiador versátil que podrás utilizar en diversas superficies, como superficies de encimeras, fregaderos y electrodomésticos.

- **Limpiacristales:** Para ventanas, espejos y accesorios de iluminación sin rayas.

- **Limpiador de Baños:** Diseñado específicamente para limpiar lavabos, inodoros, duchas y bañeras. Busca uno con propiedades desinfectantes.

- **Escobilla y Limpiador de Inodoros:** Esenciales para mantener el inodoro limpio e higiénico.

- **Escoba y Recogedor:** Para barrer el polvo, la suciedad y los residuos del suelo.

- **Trapeador y Balde:** Para limpiar e higienizar suelos duros como los azulejos, el laminado o la madera.

- **Aspiradora:** Ideal para limpiar alfombras, tapetes e incluso suelos duros. Debe venir con un surtido de piezas para diferentes superficies y espacios.

- **Toallas de Papel, Paños de Microfibra y Trapos:** Excelentes para quitar el polvo, limpiar y absorber derrames.

- **Esponjas y Estropajos:** Excelentes para fregar los platos y limpiar superficies que necesitan un poco más de esfuerzo.

- **Cepillos de Dientes Viejos:** No tires tus viejos cepillos de dientes. Son excelentes para limpiar ranuras y otros rincones estrechos.

- **Bolsas Surtidas de Basura y Reciclaje:** Utilizarás muchas.

- **Bicarbonato y Vinagre:** Estos versátiles limpiadores naturales también pueden utilizarse para desatascar desagües o desodorizar.

- *Guantes de Goma:* Protege tus manos de los productos químicos agresivos y de las cosas realmente asquerosas mientras limpias.

Si tienes compañeros de apartamento, asegúrate de que se comparten las responsabilidades y rutinas de limpieza para que cada uno ponga de su parte. Establecer un <u>calendario de tareas y asignaciones de limpieza diarias, semanales y mensuales</u> sería una forma estupenda de estar al día y asegurar que todo el mundo está de acuerdo.

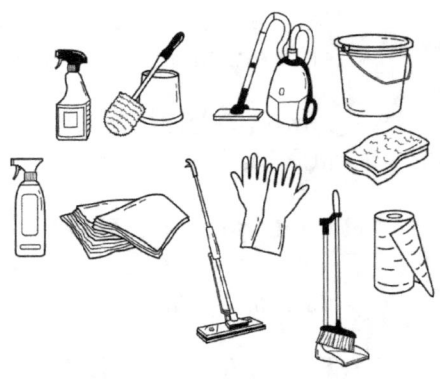

Organiza Tu Espacio

Organizar tu espacio es algo más que una tarea de limpieza; es una estrategia para una vida más tranquila y sin estrés. Cuando todo tiene su sitio, desde las llaves hasta ese escurridizo calcetín que te falta, ahorras tiempo y evitas frustraciones innecesarias, haciendo que tu día a día sea más eficiente y agradable.

1- **Empieza agrupando objetos similares**: Los libros con los libros, la ropa con la ropa, la papelería con la papelería. O tal vez sea mejor agrupar las cosas por actividades asociadas: todas las cosas de la escuela, todas las cosas de pasatiempos, todo el equipo de campamento, etc. Lo que tenga sentido para ti y se adapte a tu estilo de vida es lo que debes hacer.

2- Luego, **asigna un hogar a cada grupo de objetos**. Mantén los objetos de uso frecuente al alcance de la mano y guarda los objetos de temporada o de uso poco frecuente fuera del camino. Utiliza organizadores, estanterías o cajas de almacén para maximizar el espacio y mantener el orden.

3- Por último, **no olvides organizar los papeles**. Nos referimos a los sobres y documentos que se acumulan en tu escritorio y en cualquier otra superficie de tu casa. Crea un sistema de archivo sencillo y de fácil acceso para archivar los estados de cuenta bancarios, las facturas, los recibos, las cartas de la escuela, etc., a medida que vayan llegando. Aunque no estén perfectamente ordenados, tenerlos al menos todos en el mismo sitio te ahorrará mucho tiempo y disgustos.

Ah, y asegúrate de tener todos los documentos más importantes – el pasaporte, el acta de nacimiento, el diploma de la escuela preparatoria, etc.– juntos y en un lugar seguro. Puedes hacerte con una pequeña caja fuerte o un maletín a prueba de incendios para guardar con más seguridad estos documentos difíciles de reemplazar.

Despejar el Desorden

Cuanto más vives, más cosas acumulas. Es un hecho de la vida. Pero demasiadas cosas pueden agobiarte mentalmente, ocupar espacio físicamente y, en general, estorbarte en la vida. Así que, de vez en cuando, es buena idea mirar a tu alrededor y despejar tu ambiente.

- Empieza clasificando tus pertenencias en cuatro categorías: **conservar, donar, vender o tirar a la basura**.

- Sé sincero(a) contigo mismo(a). Si no has utilizado un objeto en un par de años y no tiene valor sentimental, probablemente ha llegado el momento de desprenderse de él.

- Vende los objetos que estén en buen estado pero que ya no te sirvan. Dona los objetos que nadie compre pero que puedan ser útiles para alguien.

- Deshazte de los objetos rotos o desgastados.

MANTENIMIENTO BÁSICO DEL HOGAR

A menos que vivas en una vivienda de tu propiedad, probablemente puedas llamar a alguien – como el casero, el conserje o uno de tus padres – cuya responsabilidad sea ocuparse de todos los problemas de mantenimiento del hogar. Pero siempre es una buena idea tener los conocimientos y habilidades básicos para ocuparse de los pequeños problemas cotidianos de la casa, por si acaso la ayuda no está disponible de inmediato.

Arreglos Básicos de Plomería

Hay tres problemas de plomería que incluso los adolescentes pueden solucionar: un desagüe obstruido, un inodoro atascado y el agua corriente de la cisterna del inodoro.

Desagüe Obstruido: Si el desagüe del fregadero de la cocina o del baño o de la bañera empieza a ir más despacio o deja de desaguar por completo, tienes que eliminar lo que esté obstruyendo la tubería. Puedes probar lo siguiente:

- *Agua Hirviendo:* A veces, el agua hirviendo puede desatascar o deshacer las obstrucciones causadas por grasa o restos de jabón. Ten mucho cuidado al verter lentamente el agua hirviendo.

- *Bicarbonato de Sodio y Vinagre:* Vierte ½ taza de bicarbonato en el desagüe, seguida de ½ taza de vinagre. Deja que haga efervescencia y actúe durante unos 15-20 minutos. Después, enjuaga con agua hirviendo.

- *Removedor Plástico de Atascos de Pelo:* Fabricado en plástico flexible, este utensilio largo y delgado con bordes dentados a lo largo atrapa y arranca pelos y residuos para desatascar lavabos y bañeras. Solo tienes que empujarla hasta el fondo de la tubería y sacarla con cuidado. Echa lo que salga a la basura.

- *Destapacaños:* Coloca la copa del destapacaños sobre el orificio de desagüe, asegurándote de cubrir toda la abertura. Llena el fregadero o la bañera con agua suficiente para cubrir la taza del desatascador. Empuja firmemente el asa hacia abajo y tira rápidamente hacia arriba. Repite este movimiento varias veces.

- *Serpiente de Desagüe o Barreno:* También puedes quitar la tapa del desagüe y utilizar una de estas herramientas de plomero, pero es un poco más complicado. Así que, a menos que ya sepas utilizarlas o que alguien pueda enseñarte cómo en persona, dudo en sugerirte que lo intentes por tu cuenta.

• **NO utilices** desatascadores ***químicos fuertes,*** como Drano o Liquid Plumber, porque pueden dañar las tuberías.

Destapacaños

Removedor Plástico de Atascos de Pelo

Serpiente de Desagüe/Barreno

Inodoro Tapado: Si el inodoro deja de descargar correctamente o el nivel de agua de la taza sigue subiendo, tienes un inodoro tapado.

1. Ponte guantes, si los tienes, porque puede que tengas que entrar en contacto directo con el agua de la taza del baño.

2. Utiliza el destapacaños:

• Coloca el destapacaños sobre el orificio de desagüe situado en el fondo de la taza del baño.

• Asegura un buen sellado presionando suavemente pero con firmeza sobre el destapacaños.

• Empuja hacia abajo y luego tira rápidamente hacia arriba mientras mantienes el sellado. Repite este movimiento varias veces.

• En el último tirón, levanta rápidamente el destapacaños para romper el sello.

Después de desatascar, revisa si el problema se ha resuelto. Si no se resuelve tras unos cuantos intentos, pide ayuda profesional.

Tanque del inodoro chorreando: Esto ocurre cuando el agua de la cisterna del inodoro no parece detenerse después de haber jalado de la cadena. Te darás cuenta de que algo va mal porque oirás correr el agua y verás que sigue goteando en la taza del baño. Prueba lo siguiente:

1. Revisa la palanca de descarga. Si está atascada en la posición de descarga, vuelve a subirla.

2. Si ése no es el problema, retira la tapa del tanque del inodoro y mira dentro.

- ¿Está enredada la cadena que conecta el brazo metálico a la aleta de goma de la parte inferior, impidiendo que la aleta se cierre? Si es así, endereza la cadena para que la válvula se cierre.

- ¿Está atascada la tapa de goma por alguna otra razón? Empújala hacia abajo. (No te preocupes, el agua del depósito está limpia).

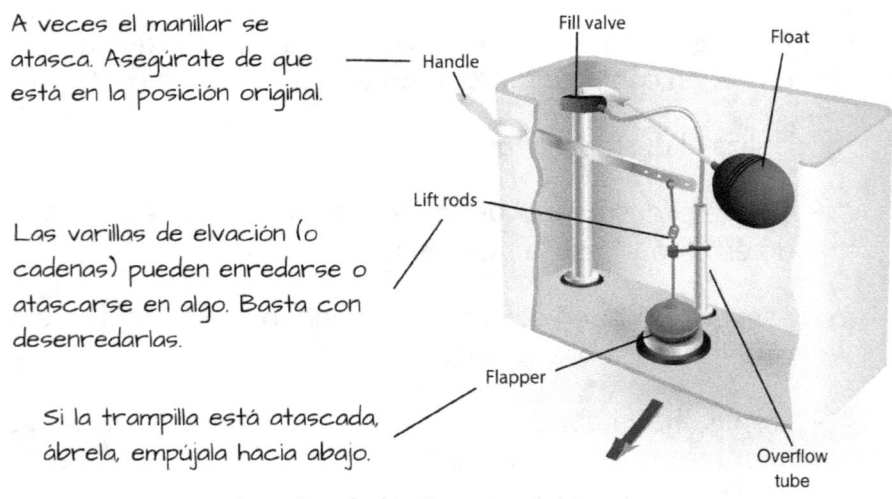

Interior de la Cisterna del Inodoro

Si el problema persiste, es necesario cambiar la trampilla o todo el conjunto de válvulas del interior de la cisterna, así que llama a tu casero o a un profesional.

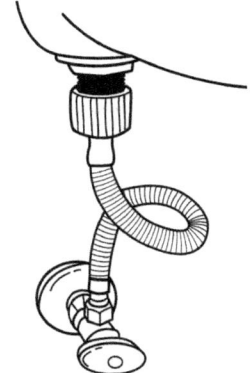

En caso de que, por algún motivo – como que el agua salpique por todas partes – necesites cortar el agua de la cocina o el cuarto de baño, sería conveniente que te familiarizaras con la ubicación de las válvulas de cierre. Suelen estar detrás o debajo de las cisternas de los inodoros, los lavabos de los cuartos de baño y los fregaderos de la cocina. Solo tienes que girar las manillas para cerrar el suministro de agua.

Válvula de Cierre Típica

Seguridad Eléctrica y Reparaciones Sencillas

Trabajar con electricidad puede ser muy peligroso, así que la seguridad es primordial. Todo lo que vamos a tratar aquí son arreglos en los que es poco probable que tengas que entrar en contacto real con la electricidad. (Asegúrate de tener las manos completamente secas siempre que manipules trabajos eléctricos).

Hay dos problemas eléctricos menores que todo el mundo debería saber cómo solucionar: si se fundió un foco o si se saltó un fusible automático.

Un Foco Fundido: Los focos (bombillas) tienen una vida limitada, y la mayoría de los focos domésticos comunes, incluidos los incandescentes, halógenos y fluorescentes, acaban fundiéndose. A veces hacen un chasquido y se funden mientras iluminan, y a veces simplemente se niegan a encenderse. En cualquier caso, no llames a tu casero por ello. Simplemente tendrás que cambiarlos.

1. Desconecta el interruptor de la luz.

2. Deja que el foco fundido se enfríe si está caliente.

3. Consigue otro foco con la potencia y el tipo correctos para tu instalación. Puedes encontrar esta información en la bombilla vieja o en el mismo aparato.

4. Quita el foco viejo. Gíralo en sentido contrario a las agujas del reloj (hacia la izquierda) para desenroscarla del

casquillo.

5. Enrosca el foco nuevo. Girando en el sentido de las agujas del reloj (hacia la derecha), enróscalo bien en el casquillo, pero ten cuidado de no apretarlo demasiado, ya que podrías dañar el casquillo o incluso el foco.

6. Revisa para asegurarte de que se enciende y desecha la bombilla vieja.

Un Fusible Automático Saltado: Si sobrecargas el sistema eléctrico, es decir, si utilizas demasiadas herramientas o aparatos que consuman energía al mismo tiempo, puedes "hacer saltar" el fusible automático. La electricidad de ese circuito en concreto se corta, y todas las luces, electrodomésticos y herramientas enchufados a ese circuito se apagarán.

En realidad es algo bueno. Es una señal de que el fusible automático está haciendo su trabajo, que es interrumpir el flujo de electricidad cuando el circuito se sobrecarga y dispararse (o desconectarse) para proteger el circuito eléctrico de daños o incendios. Solo tienes que averiguar cuál se ha disparado y volver a conectarlo.

1. Con suerte, conoces la ubicación del panel eléctrico donde se alojan los fusibles automáticos. Suelen tener el aspecto de puertas metálicas grises en una pared cercana a la cocina, o a veces en el sótano.

2. Abre la puerta y verás un montón de interruptores que deben estar debidamente etiquetados: "enchufes de la cocina", "luces del baño", "pasillo", etc. Si estás en

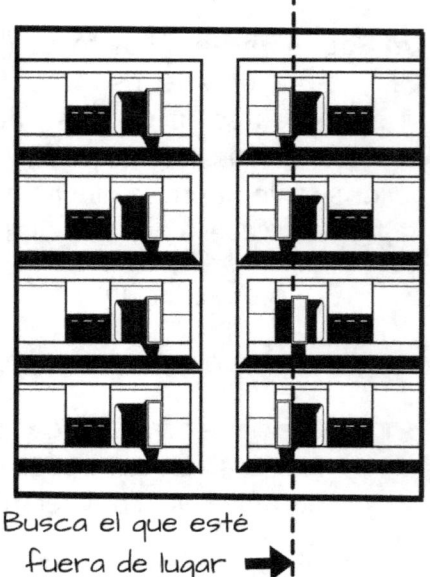

Busca el que esté fuera de lugar ➡

el panel correcto, deberías ver uno de los interruptores en una posición distinta de todos los demás. (Normalmente, justo en el medio) Es el que se ha saltado.

3. Mueve primero ese interruptor hasta la posición de APAGADO, y luego vuelve a moverlo hasta la posición de ENCENDIDO. ¡Y ya está!

Si eso no te devuelve la electricidad, llama a tu casero o a un técnico electricista.

Equipo Básico de Carpintería y Mantenimiento del Hogar

Necesitarás algunas herramientas básicas para hacer arreglos rápidos y mejoras en casa. Puedes comprar juegos de herramientas en cualquier ferretería, o comprarlas individualmente a medida que las vayas necesitando. Algunas herramientas imprescindibles son:

- *Desarmadores:* Un juego de desarmadores de cabeza plana y de punta de estrella de varios tamaños. (Cuando los utilices, recuerda *"derecha-apretar, izquierda-aflojar"*; como en los tarros y las tapas de las botellas, se gira a la derecha para apretar y a la izquierda para aflojar).

- *Llave Ajustable:* Una llave versátil que puede ajustarse para adaptarse a diferentes tamaños de tuercas y tornillos.

- *Llaves Hexagonales (Llaves Allen):* Un juego de varios tamaños. Sobre todo para bicicletas y armar muebles.

- *Pinzas:* Tenazas combinadas, pinzas para juntas y pinzas

de punta.

- **Martillo:** Un martillo de uña para clavar y sacar clavos.

- **Cinta Métrica:** Para tomar medidas

- **Cuchillo Multiusos:** Una navaja multiusos retráctil para cortar cartón, plástico, etc.

- **Nivel:** Un nivel de burbuja para asegurar que cosas como marcos de cuadros y toalleros se cuelguen rectos.

- **Taladro y Brocas**: Preferiblemente inalámbricos, para taladrar agujeros y atornillar.

- **Sierra:** Empieza con una sierra de mano y ve avanzando hasta una sierra mecánica.

- **Linterna o Faro:** Para trabajar en zonas oscuras o mal iluminadas.

- **Cinta Adhesiva y Cinta Aislante:** Para diversos arreglos temporales y para empacar.

- **Equipo de Seguridad:** Gafas de seguridad, guantes de trabajo, mascarilla antipolvo y protección auditiva.

- **Ferretería Variada:** Clavos, tornillos, anclajes de pared y otros elementos de fijación comunes.

Consigue una caja de herramientas para tenerlo todo junto, una escalera o un taburete para llegar a sitios altos, ¡y listo!

MEDIDAS DE SEGURIDAD EN CASA

Seguridad y Prevención de Incendios

Los detectores de humo te alertan a la primera señal de incendio. Los *detectores de monóxido de carbono (CO)* te alertan de la presencia del peligroso gas. Los propietarios están obligados, por ley, a tenerlos instalados en la cocina, fuera de cada dormitorio y en todos los niveles de tu casa, incluido el sótano. Pruébalos una vez al mes para asegurarte de que funcionan, y si no, cambia las pilas o llama al propietario.

A continuación, ármate de *extinguidores*. Ten uno en la cocina y en cualquier otra zona donde el riesgo de incendio sea alto. <u>Aprende la técnica "*PASS*"</u>: tira del pasador, apunta bajo, aprieta la palanca y barre la boquilla de lado a lado. Busca tutoriales en YouTube.

Finalmente, ten un plan de evacuación. Identifica dos salidas desde cada habitación, un camino desde cada salida al exterior y un lugar de reunión seguro

Medidas de Seguridad en el Hogar

La seguridad en el hogar es importante para que tú y tus pertenencias estén a salvo, pero no tiene por qué dar miedo. Aquí tienes algunas medidas sencillas que puedes seguir:

- **Cierra puertas y ventanas:** Cuando estés en casa o te vayas, cierra siempre puertas y ventanas. Puedes hacer que las puertas correderas sean más seguras con una varilla o barra para que no puedan abrirse a la fuerza.

- **Utiliza mirillas y cerradura de cadena:** Si alguien llama a la puerta y no estás seguro de quién es, utiliza la mirilla para revisar y mantén puesta la cerradura de cadena si tienes que abrir una rendija.

- **Mantén los objetos de valor fuera de la vista:** No dejes objetos de valor a la vista desde el exterior de las ventanas.

- **Iluminación exterior:** Las zonas bien iluminadas alrededor de tu casa disuaden a posibles intrusos. Considera las luces activadas por movimiento para el jardín delantero y trasero.

- **Sistema de alarma y aplicaciones de seguridad para la casa:** Si tu casa tiene alarma de seguridad, aprende a utilizarla. Algunas aplicaciones pueden ayudarte a controlar la seguridad de tu casa a distancia.

- **Crea una rutina de seguridad:** Establece una rutina con tu familia o compañeros de piso para revisar puertas y ventanas antes de acostarte.

- **Prepárate para emergencias:** Ten a mano una lista de contactos de emergencia. Planifica mentalmente rutas de escape en caso de incendio y otras emergencias.

Recuerda, se trata de ser proactivo y estar preparado, no de tener miedo. Seguir estas medidas te mantendrá a salvo, así que no nos preocupemos y ¡vayamos a la cocina por algo para comer!

9

Conceptos Básicos de Cocina

Comer y Cocinar

Vivir por tu cuenta también significa cocinar para ti mismo. Tanto por razones nutricionales como económicas, <u>la comida para llevar debería ser la excepción, no la regla</u>. Aprender los principios básicos de la preparación de alimentos, la planificación de comidas y los elementos esenciales de la cocina es la clave para llevar una vida sana y ahorrar mucho dinero.

LO ESENCIAL DE UNA COCINA BIEN SURTIDA

Equípate con los utensilios de cocina adecuados y estarás listo para afrontar cualquier receta que se te presente. Esto es lo que necesitarás:

Batería Básica de Cocina

- **Sartén o Cacerola Anti-adherente:** Ideales para todo, desde saltear verduras hasta dar la vuelta a los panqueques.

- **Ollas Pequeñas y Grandes:** Para hervir pasta, cocer salsas a fuego lento o hacer sopa.

- **Bandeja para Hornear:** Para hornear galletas o asar verduras en el horno.

- **Molde para Asar o Cazuela:** Para preparar asados de carne o platos grandes en el horno.

- **Tazones para Mezclar:** Imprescindibles para combinar ingredientes o mezclar una ensalada.

Utensilios y Materiales Básicos de Cocina

- **Cuchillo de Chef:** Un cuchillo versátil para cortar y picar

- **Cuchillo para Pelar:** Para pelar o cortar frutas y verduras pequeñas

- **Cuchillo de Sierra:** Para cortar pan, pavo, etc.

- **Tablas de Cortar:** Es bueno tener más de una

Cuchillo   Cuchillo   Cuchillo de
de CHef   para pelar   Sierra

- **Espátula:** Para dar la vuelta a panqueques o hamburguesas

- **Cuchara de Madera:** Ideal para remover salsas o sopas

- **Cuchara Ranurada:** Para remover elementos de líquidos

- **Cucharón:** Para servir sopas y guisos

- **Pinzas:** Ideales para dar la vuelta a la carne o servir la ensalada

- **Batidor de Mano:** Imprescindible para batir huevos, mezclar masa o batir crema

- **Cucharas y Vasos Medidores:** Para medir con precisión los ingredientes

- **Rallador:** Para   rallar

queso, verduras o pelar
cítricos

- **Pelador:** Para pelar frutas y verduras

- **Abrelatas y Abrebotellas:** Para abrir conservas y botellas

- **Colador o Escurridor:** Para escurrir la pasta o las verduras

- **Sujeta Ollas o Guantes de Cocina:** Para manejar utensilios de cocina calientes

- **Termómetro:** Los termómetros instantáneos aseguran que la carne se cocina a una temperatura segura.

- **Cronómetro:** Para controlar el tiempo de cocción. Utilizar un temporizador puede asegurar que tus ingredientes se cocinen con la consistencia perfecta, incluso si te olvidas de que estás cocinando algo.

- **Papel de Aluminio, Envoltorios de Plástico y Bolsas de Plástico con Cierre:** Principalmente para almacenar; el papel de aluminio también se utiliza en ciertas técnicas culinarias.

Productos Básicos de Despensa

Toda cocina necesita una despensa bien surtida. Para ayudarte a controlar lo que tienes y lo que necesitas, considera la posibilidad de utilizar una aplicación de seguimiento de inventario. Aquí tienes algunos alimentos básicos que debes tener a mano:

- **Cereales y Almidones**: Arroz, pasta, quinoa, patatas (papas), etc.

- **Productos Enlatados:** Judías (frijoles), tomates, verduras y atún.

- **Esenciales para Hornear:** Harina, azúcar, levadura en polvo y bicarbonato de sodio.

- **Aceites y Vinagre:** Aceite para cocinar, aceite de oliva para recetas a baja temperatura, y vinagre balsámico para aderezar ensaladas.

Especias y Condimentos

Las especias y los condimentos son tus potenciadores del sabor culinario. Añaden profundidad, carácter y personalidad a tus platillos. Esto es lo que debes almacenar:

- **Especias:** Sal, pimienta, chile en polvo, pimentón, comino, canela, etc.

- **Hierbas Aromáticas:** Albahaca, orégano, romero, tomillo, eneldo, etc.

- **Condimentos:** Cátsup, mostaza, mayonesa (en el refrigerador), salsa picante y salsa de soja.

Los Imprescindibles del Refrigerador

Y, por último, pero no por ello menos importante, el refrigerador. Es donde guardas todos tus productos perecederos frescos y apetecibles. Aquí tienes con qué llenarlo:

- **Lácteos:** Leche, queso, mantequilla y yogur.

- **Verduras y Hortalizas:** Frutas y verduras para picar, ensaladas y hierbas frescas.

- **Proteínas:** Huevos, carne, pescado, carnes frías y tofu.

- **Sobras:** Guárdalas adecuadamente para hacer comidas rápidas en días ajetreados.

HABILIDADES EN LA COCINA

Habilidades Básicas con el Cuchillo

Ya sea que estés cortando cebollas para una sopa suculenta o picando ajos para un salteado, saber manejar un cuchillo puede hacer que tu experiencia en la cocina sea más fluida y segura.

Empieza por sujetar el cuchillo correctamente. Agarra el mango cerca de la hoja con la mano dominante y sujeta el alimento con la otra, con los dedos doblados hacia dentro para que no estorben.

Después, practica distintos cortes: cortar en rodajas, en dados y picar. Rebanar es cortar algo en piezas finas, como harías con los tomates para un sándwich. Cortar en dados es cortar los alimentos en cubos pequeños, como las verduras en un guiso. Picar es cortar alimentos en trozos muy finos, perfecto para el ajo o las hierbas.

Cuando cortes algo redondo que tienda a rodar, lo primero que debes hacer es darle una forma que impida que ruede para evitar accidentes con sangre. Por ejemplo, con una cebolla, córtala con cuidado por la mitad o corta un extremo para hacer una superficie plana, y luego pon el lado plano hacia abajo en la tabla para hacer más cortes.

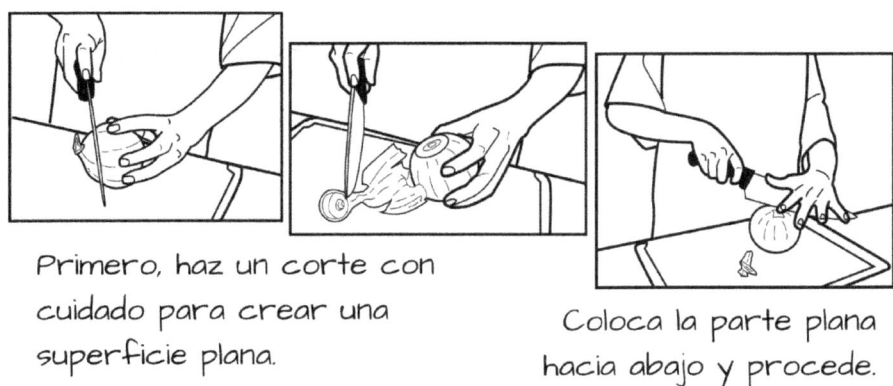

Primero, haz un corte con cuidado para crear una superficie plana.

Coloca la parte plana hacia abajo y procede.

Técnicas de Cocina

Una vez que hayas pelado y cortado los ingredientes, ¡es hora de encender el fuego!

- El primero es **hervir**, el método de cocción más sencillo. Simplemente hierves una olla de agua y sumerges en ella alimentos como pasta, huevos o verduras. Sazona el agua con sal para la pasta. Utiliza el cronómetro.

- **Saltear** o **freír ligeramente** también es sencillo. Calienta un poco de aceite (o mantequilla) en una sartén, añade el alimento y mantenlo en movimiento con el utensilio de tu elección.

- **Freír a fuego alto** es un poco más complicado. Tienes que calentar mucho aceite en una olla hasta una temperatura determinada y alta, y bajar suavemente los alimentos en ella. Infórmate bien antes de intentarlo, por favor. Las quemaduras de aceite pueden ser bastante desagradables.

- **Hornear** y **asar** puede ser muy gratificante. Es un método fantástico y libre de manos para hornear galletas y pasteles y cocinar de todo, desde pollo hasta verduras. Busca una receta sencilla, precalienta el horno a la temperatura indicada, mete la comida, programa un reloj y deja que el horno haga su magia.

Seguridad e Higiene de los Alimentos

En la cocina, la limpieza va unida al sabor. Lavarse las manos antes y después de manipular alimentos es imprescindible. Es la regla de oro de la higiene en la cocina.

Mantén limpia también la zona de cocción. Limpia las superficies antes y después de usarlas. Lava las tablas de cortar, los utensilios y las sartenes inmediatamente después de usarlos. Esto ayuda a evitar la contaminación cruzada, en la que las bacterias de un alimento se propagan a otro.

Ten en cuenta la temperatura de los alimentos. Cuando cocines carne, utiliza un termómetro para asegurarte de que está a la temperatura correcta. Aquí tienes una tabla de consulta rápida de la temperatura interna para cocinar carne. (Ten en cuenta que la FDA recomienda que la temperatura mínima de la carne de vaca (res) sea de 145 °F.)

Tipo de Carne	Medio Cruda	Término Medio	Bien Cocida
Res	130-135 °F	135-145 °F	160 °F
Cerdo	145-150 °F	150-155 °F	160 °F
Aves de Corral	Un Minimo de 165 °F		

Temperaturas de Cocción de la Carne

Refrigera pronto las sobras. La idea es mantener el hábitat adecuado para tus alimentos, para asegurar que se mantienen seguros y deliciosos..

Planificación y Preparación de Comidas

Planificar las comidas con anticipación elimina el estrés de tu ajetreada semana. Aunque te guste cocinar, tener que preparar la cena todas las noches puede convertirse rápidamente en un verdadero fastidio. Hazte un favor a ti mismo y háztelo lo más fácil posible.

• **Haz un plan de comidas aproximado para la semana**, empezando por la cena. Ten en cuenta tu horario: reserva las recetas fáciles para las noches de más trabajo y prueba recetas nuevas cuando tengas más tiempo. Un plan de menú sencillo puede incluir una sopa, una pasta, un plato de carne o ave, un plato de pescado y un plato vegetariano. Reserva una noche para las sobras y quizá pizza los viernes.

• Llena la despensa y el refrigerador de **alimentos básicos y prácticos para el desayuno**, como yogur y cereales. Para el almuerzo, asegúrate de tener suficiente pan, carnes frías, tomates, lechuga y otros ingredientes para sándwiches y ensaladas sencillos.

• Por último, **prepara los ingredientes con anticipación**. Pica verduras, marina proteínas o pre-porciona tentempiés en tu tiempo libre. Esto te dará ventaja para tus comidas.

Encuentra Recetas Sencillas Que Puedas Seguir

Los sitios web, los blogs gastronómicos y las plataformas de las redes sociales rebosan de recetas para todos los gustos y niveles de habilidad.

Busca recetas con instrucciones claras y listas breves de ingredientes. Como principiante, empieza con recetas básicas y ve probando gradualmente otras más complejas. <u>Los huevos revueltos, el puré de papa y los espaguetis con salsa de tomate son buenos puntos de partida.</u>

Sitios web como *Blue Apron* o *Budget Bytes* están orientados a principiantes absolutos en la cocina. *YouTube* también tiene una enorme selección de canales de cocina con vídeos paso a paso para que seguir las recetas sea fácil y rápido.

Las recetas son como una guía, no un libro de reglas. Siéntete libre de sustituir los ingredientes que no te gusten o no tengas. Cocinar es cuestión de creatividad y de hacer tuyo el platillo. Así que adelante, explora el tesoro de recetas y ¡descubre al chef que llevas dentro!

COMPRA DE ALIMENTOS

Cómo Hacer una Lista de Compras

Empieza a hacer la compra con una lista de la compra bien preparada. Empieza por hacer inventario de tu cocina. Revisa la despensa, el refrigerador y el congelador para ver lo que ya tienes.

Ahora, ¿recuerdas el plan de comidas del que hablamos antes? ¡Es hora de ponerlo en práctica! Haz una lista de los ingredientes que necesitarás para todas las comidas. Esto no solo <u>evitará que olvides cosas importantes</u>, sino que también <u>te ahorrará compras impulsivas y gastos innecesarios</u>.

Cómo Comprar Verduras

Siempre es aconsejable escoger verduras de temporada, tanto por su precio como por su sabor.

- **Verduras de hoja verde, col, brócoli, apio y zanahorias:** Deben tener un aspecto crujiente y firme, sin decoloración. Revisa y asegúrate de que no hay rastros de insectos excavadores, sobre todo en las verduras orgánicas.

- **Las patatas (papas), las cebollas, el ajo y el jengibre**: Deben estar firmes, sin un tinte verdoso ni puntos blandos, y no deben tener brotes.

- **Berenjenas, pimientos, pepinos:** Cuanto más oscuro o intenso sea el color, más maduros están. Deben tener un aspecto firme y no estar arrugados ni marchitos.

Cómo Comprar Frutas

En caso de duda, compra frutas poco maduras y déjalas madurar en casa, en lugar de frutas demasiado maduras que ya han pasado su punto. Pero cuando busques artículos que estén en su punto:

1. **Revisa su firmeza.** No las aplastes, pero presiona ligeramente las frutas que deben estar ligeramente blandas cuando estén listas para comer, como los melocotones y los aguacates. (Sí, el aguacate es una fruta—y el tomate también, técnicamente).

2. **Huele frutas como melones, duraznos y mangos.** El olor debe ser floral y atrayente. Cuanto más dulce sea el olor, más madura estará la fruta.

3. **Fíjate en el color.** Frutas como los plátanos cambian de color al madurar.

4. **Revisa si están dañadas.** Hay que evitar magulladuras, pequeños pinchazos, agujeros de insectos o manchas blancas/marrones. Da la vuelta a los paquetes de bayas (fresas) para revisar si hay señales de moho o putrefacción.

Puedes encontrar guías de compra para tipos específicos de frutas y verduras en Internet a través de sitios como WikiHow.

Cómo Leer y Comprender las Etiquetas de los Alimentos

¿Has visto esto en los envases de alimentos?

La *Administración de Alimentos y Medicamentos (FDA)* exige que estas etiquetas te den información sobre los ingredientes, el tamaño de las raciones y los valores nutricionales de los alimentos.

Empieza por la información sobre el **tamaño de la ración**, en la parte superior. El tamaño de la ración es la referencia en la que se basan todos los demás números. Te indica el tamaño de una ración y cuántas raciones contiene el envase.

A continuación, revisa las **calorías**. Te dice cuánta energía obtienes de una ración. Si estás controlando tu peso, esta cifra es especialmente importante.

Los nutrientes se enumeran a continuación, como los ingredientes de una receta. Algunos, como la fibra y las vitaminas, quieres consumirlos en la mayor cantidad posible. Otros, como el sodio y las grasas saturadas, deben consumirse en menor cantidad.

Por último, el porcentaje de **valor diario (%DV)** te indica qué cantidad de cada nutriente importante aporta una ración de ese alimento a una dieta diaria total. Los porcentajes se basan en una dieta diaria recomendada de 2,000 calorías para un adulto. Por ejemplo, si dice que un paquete de tofu contiene 1g de fibra dietética o 4%, significa que una ración de ese tofu te aporta el 4% de fibra dietética que se recomienda que un adulto consuma *al día*.

Fechas en los Envases de Alimentos

Cuidado. Hay distintos tipos de fechas en los envases de los alimentos, y puede resultar un poco confuso:

- *Venderse antes de:* Esto es para la tienda, ya que les indica en qué fecha debe venderse o retirarse un artículo de los estantes, principalmente para la gestión del inventario. Si los productos se han almacenado correctamente, deberían poder consumirse incluso después de esta fecha.

- *Consumir preferentemente antes de:* Indica hasta qué fecha se espera que el producto esté en su mejor calidad. No es una fecha de seguridad, y muchos alimentos, sobre todo los no perecederos, pueden consumirse con seguridad pasada esta fecha, aunque puede que no tengan el mejor sabor o rendimiento.

- *Consumir antes de:* Suele aparecer en los alimentos perecederos, y te indica la última fecha recomendada para el uso del producto en su máxima calidad. Después de esta fecha, la seguridad puede volverse rápidamente cuestionable.

- *Fecha de caducidad*: Fecha a partir de la cual no se garantiza que el producto mantenga sus cualidades y características previstas. No se aconseja su consumo después de esta fecha.

Comer alimentos en mal estado puede ser algo más que desagradable: puede ser peligroso. Revisa siempre las fechas de los envases, pero confía en tus sentidos. Si la textura es irregular, la comida está viscosa o tiene decoloración, huele o sabe mal, tírala, diga lo que diga la etiqueta de la fecha. El marisco y las aves de corral pueden ser especialmente peligrosos si se preparan incorrectamente o se consumen pasados de fecha.

Ofertas y Descuentos

Las tiendas suelen tener rebajas semanales, así que estate atento a los folletos y carteles. Pero no te dejes engañar para comprar algo que no necesitas. Recuerda que *no es una ganga si no puedes utilizarlo antes de que se eche a perder*. Además, desconfía de ofertas como "compre uno, llévese otro con un 50% de descuento". Asegúrate de hacer las cuentas para ver si realmente es una buena oferta.

Almacenamiento de Alimentos

Así que has llegado a casa con bolsas de comida. ¿Sabes cómo guardarlas correctamente? Repasemos lo básico:

- **Productos secos y no perecederos (como pasta, arroz, alimentos enlatados y aperitivos):** Guárdalos en un lugar fresco y seco, lejos de la luz solar directa. Utiliza recipientes herméticos para evitar plagas.

- **Productos perecederos (lácteos, carnes, aves y marisco):** Guárdalos en el refrigerador a 40 °F o menos. La carne y el marisco crudos deben conservarse en recipientes herméticos.

- **Verduras y frutas:** Guíate por cómo se vendían en las tiendas. Los productos refrigerados o conservados en estantes refrigerados, como las verduras de hoja verde, deben guardarse en el cajón de las verduras crujientes del refrigerador; los productos que estaban al aire libre, como las patatas y las cebollas, deben guardarse en un lugar fresco y oscuro, como la despensa. Pero incluso los productos que no estaban refrigerados en la tienda, como las bayas y los tomates, deben trasladarse al frigorífico si han alcanzado su punto máximo de calidad pero no se van a consumir de inmediato.

- Congela **los artículos que no vayas a utilizar pronto,** como el pan sobrante, la carne y las sobras. Utiliza recipientes herméticos o bolsas de congelación para evitar que se 'quemen' por el frío. Es buena idea etiquetar los alimentos con la fecha para saber de qué se trata y cuánto tiempo llevan en el congelador.

- **Sobras:** Guarda las sobras en recipientes bien tapados y refrigéralas en las dos horas siguientes a su cocción.

Aquí tienes algunas cosas más que debes tener en cuenta:

- Invierte en **bolsas y recipientes reutilizables**. Son respetuosos con el medio ambiente Y te ahorran dinero.

- **Evita empaquetar demasiado**. No llenes demasiado el refrigerador o el congelador. Es necesaria una circulación de aire adecuada para mantener temperaturas seguras y constantes.

- **Rota los artículos**. Cuando llenes la despensa o el refrigerador, coloca los artículos más nuevos detrás de los viejos. Así te aseguras de utilizar primero los artículos más antiguos, reduciendo el desperdicio de alimentos.

LO QUE NO DEBES HACER CON LOS ELECTRODOMÉSTICOS

Por último, no puedo dejar el capítulo de la cocina sin advertirte contra estos tabúes de los electrodomésticos. Los lavavajillas y los hornos microondas son aparatos muy prácticos, pero hay cosas que no deben estar en su interior. Aquí tienes lo más importante que debes saber—para proteger tus cosas y garantizar tu seguridad.

Cosas que no deben ir al lavavajillas

Debes evitar meter ciertas cosas en el lavavajillas por el riesgo de daños, desgaste u otros problemas. Esta es la lista básica:

- **Artículos de madera:** La madera puede deformarse, agrietarse o perder su acabado.

- **Sartenes de hierro fundido:** El sazonador puede desprenderse de la sartén.

- **Sartenes antiadherentes:** El revestimiento antiadherente puede desgastarse con el tiempo.

- **Artículos de aluminio:** Pueden decolorarse y volverse opacos o deformes.

- **Objetos de oro, latón, bronce, estaño y cobre:** Pueden perder brillo.

- **Cuchillos afilados:** Las hojas pueden desafilarse.

- **Ciertos Plásticos:** Algunos plásticos pueden deformarse o derretirse.

- **Cualquier cosa delicada o valiosa, incluidos el cristal, la cerámica pintada a mano y la alfarería:** Pueden astillarse, agrietarse o cambiar de color. No te arriesgues o podrías lamentarlo.

Siempre es buena idea revisar las instrucciones de cuidado del fabricante. En caso de duda, lo mejor es lavar a mano.

Cosas que no deben ir al horno microondas

Cocinar en el microondas ciertos objetos puede ser peligroso para ti o dañar el microondas o los propios objetos. Entre ellos están:

- **Metal, incluido el papel de aluminio y los artículos con adornos metálicos**: Pueden provocar un incendio o dañar el microondas. ¡Pueden saltar chispas!

- **Recipientes de plástico que no lleven la etiqueta "Seguro para microondas":** Algunos plásticos pueden derretirse o liberar sustancias químicas tóxicas cuando se calientan.

- **Recipientes de espuma de poliestireno:** Pueden derretirse y liberar sustancias químicas dañinas.

- **Huevos con cáscara, frutas/verduras con piel y alimen-**

tos en recipientes sellados: Pueden explotar si no tienen agujeros o una abertura para liberar el vapor acumulado.

• **Esponjas secas, trapos de cocina o nada:** Sin humedad para absorber la energía de las microondas, los objetos secos pueden incendiarse; ponerlo en marcha vacío puede dañar el propio microondas.

Siempre debes asegurarte de que utilizas recipientes aptos para microondas. Si no estás seguro, consulta las instrucciones del fabricante o calienta la comida de otra forma.

Con las nociones básicas de cocina en tu haber, estás preparado para enfrentarte a cualquier estufa o tienda como un profesional. Con la información esencial sobre utensilios de cocina, trucos de compra y técnicas culinarias, estarás listo para preparar comidas tan sabrosas como nutritivas. ¡Buen provecho!

10

Cuidado de la Ropa

Manteniendo Tus Prendas Frescas

La ropa dice mucho de ti, y tener buen aspecto no es barato. Trata bien tu ropa y te durará mucho más, lo que significa más dinero para las cosas que realmente quieres. Es hora de que le vayas pillando el truco a lavar tu propia ropa: tu estilo (y tu cartera) te lo agradecerán. Es una habilidad sencilla que te dará grandes beneficios, sobre todo cuando te independices.

LAVANDERIA

Descifrando los Símbolos de la Lavandería

La mayoría de la ropa viene con etiquetas que te indican de qué tipo de tejido está hecha y cómo debe cuidarse. Muchas instrucciones de cuidado están escritas en inglés sencillo, pero muchas otras tienen símbolos crípticos. ¿Qué significan? Pues vas a descubrirlo... ¡Ahora mismo!

Símbolos del Lavado

Los símbolos de lavado, esos pequeños iconos en forma de bañera, te indican literalmente cómo lavar la ropa. Es importante seguir estas instrucciones porque, si no lo haces, puedes arruinar bastante tu ropa. Lavar lo que no debes en agua demasiado caliente, por ejemplo, puede acabar encogiéndola o, peor aún, su color puede desteñir, <u>arruinando todo lo demás que hayas lavado</u>

con ella. Los tejidos delicados pueden arrancarse o rasgarse si se lavan en un ciclo que no es lo bastante suave.

Un símbolo de una cubeta con un número dentro indica la temperatura máxima a la que se puede lavar una prenda. Un símbolo de mano en la cubeta significa que la prenda debe lavarse a mano. Una cubeta tachada significa que no se puede lavar. A veces, una prenda solo puede lavarse en seco, y suele tener esa indicación en la etiqueta. En ese caso, llévalo a la tintorería de tu barrio.

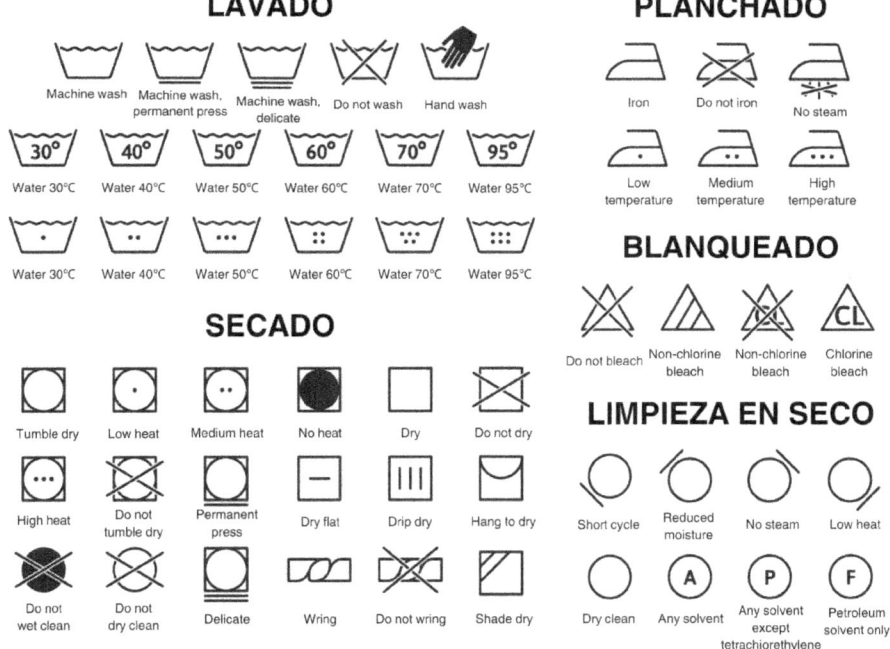

Símbolos de Secado

Los símbolos de secado son cuadrados con varios iconos en su interior. Igual que en el lavado, es mejor que prestes atención a las instrucciones de secado. Un calor demasiado alto puede encoger la ropa, provocar la formación de bolitas o el afieltrado de los tejidos de punto, y hacer que otros tejidos pierdan su forma o incluso se agrieten, como las letras o los dibujos de las camisetas gráficas.

Un cuadrado con un círculo dentro significa que puedes usar la secadora. Un círculo negro significa secadora sin calor. Los puntos dentro del círculo representan los niveles de calor: uno para bajo, dos para medio y tres para alto. Los cuadrados con varias líneas sin círculos indican recomendaciones para el secado al aire natural, como colgar, secar en plano, secar a la sombra, etc.

Símbolos de Planchado

Parecen una plancha antigua. Un símbolo de plancha con puntos indica el ajuste de temperatura de tu plancha. Sin puntos significa que cualquier temperatura está bien, un punto para baja, dos para media y tres para alta. Una plancha tachada significa que no puedes planchar la prenda con seguridad. Ten en cuenta que el algodón y el lino son los únicos tipos de tejido para los que se recomienda humedecer o vaporizar. No debes utilizar la función de vapor de la plancha para otros tejidos.

Símbolos de Blanqueado

Un triángulo sencillo significa que tu ropa se puede blanquear con seguridad. Un triángulo con rayas significa que solo se puede utilizar lejía sin cloro. Un triángulo tachado significa que cualquier tipo de blanqueador estropeará la prenda.

Símbolos de Lavado en Seco

Un círculo liso significa que se puede limpiar en seco. Una letra dentro del círculo indica a la tintorería qué disolvente debe utilizar. Un círculo tachado significa que un artículo no debe limpiarse en seco. A veces, un artículo tendrá una etiqueta que diga solo "Lavarse en seco".

Lavado, Secado y Planchado

Ahora que ya sabes qué hacer con tu ropa, ¡vamos a ponernos manos a la obra!

Clasificar la Ropa: El Primer Paso

Mira dentro de tu cesto de la ropa sucia. ¿Es un revoltijo de todas las prendas que te has puesto a lo largo de la semana? Son de distintos colores, tejidos y pesos, ¿verdad? Sabiendo lo que sabes ahora sobre los diferentes requisitos de lavado de los distintos tipos de ropa, ¿te gustaría meterlos todos juntos en una sola carga? ¿Puedes ver el potencial desastre? Por eso tienes que clasificarlas.

Separa los blancos, los claros y los oscuros en tres montones. Estas son tus tres cargas de ropa. Esto no solo evita que los colores se mezclen entre sí, sino que también te permite ajustar la configuración de lavado para cada pila. A los blancos les encanta el agua caliente, mientras que los colores la prefieren fría. Los tejidos delicados, como la seda o el encaje, pueden necesitar un ciclo más suave o incluso un lavado a mano. Revisa las etiquetas para ver las instrucciones específicas de las prendas con lentejuelas, cuentas, apliques o flecos.

Las prendas delicadas que puedan estirarse o engancharse con otras prendas deben colocarse en una red de lavandería, al igual que las prendas con herrajes que puedan engancharse y dañar otras prendas, como los sostenes (*bras*).

Lavado y Secado

Lava y seca según las instrucciones de cuidado. Cada lavadora y secadora es diferente, así que tendrás que averiguar tú mismo el ajuste del dial para el ciclo que desees. Pero, por lo general, para cada carga, introduce la ropa en la lavadora, añade detergente, cierra la tapa, ajusta el dial para la temperatura del agua y el ciclo adecuados y, a continuación, pulsa Inicio.

Para la ropa que no se pueda meter en la secadora, puedes colgarla para que se seque o tenderla en plano para que se seque. De nuevo, sigue las instrucciones. Las prendas tejidas o de otro material elástico deben ponerse a secar en posición horizontal en un perchero o sobre una toalla encima de una mesa para evitar que se deformen.

La ropa que queda pegada a la piel, como la ropa interior, debe lavarse después de cada uso. Pero cosas como los suéteres que te pones encima de una camisa o camiseta, e incluso los vaqueros y pantalones, no siempre tienen que lavarse cada vez. Puedes alargar la vida de estas prendas colgándolas para que se ventilen entre uso y uso.

Cómo Quitar Manchas

Una mancha de café en tu camisa favorita, una mancha de salsa de tomate en tus pantalones de mezclilla nuevos... Las manchas pueden arruinarte el día, pero con el método adecuado, puedes deshacerte de ellas como un mago.

La regla de oro de la eliminación de manchas: Ocúpate de ello **lo antes posible**. En cuanto puedas, corre al baño y échale agua. Ponte un poco de jabón en la mancha, y verifica si puedes frotarla. Aunque no desaparezca del todo, no pasa nada. Has retrasado la fijación de la mancha. A continuación, en cuanto puedas, rocía la mancha con un quitamanchas (de los que se pueden aplicar y dejar en el cesto de la ropa sucia hasta el siguiente día de lavandería), y lávala normalmente. Lavar con agua caliente y secar sin tratar la mancha puede fijarla, así que trátala primero antes de meterla en la lavadora.

Hay manchas difíciles que requieren un poco más de atención:

- *Aceite:* Elimina los sólidos aceitosos de la tela y absorbe el aceite líquido con una toalla de papel. Utiliza bicarbonato de sodio para extraer aún más aceite del tejido. Aplica un detergente fuerte para ropa en la zona manchada, y verifica si desaparece.

- *Sangre:* Dale la vuelta a la prenda y deja correr agua fría desde dentro hacia fuera. Frota la mancha con detergente de gran potencia utilizando un cepillo de cerdas suaves o un cepillo de dientes. Deja que se asiente durante 15 minutos y luego lava la prenda como de costumbre. NO utilices agua caliente en las manchas de sangre, ya que las fijará permanentemente.

- Para las manchas más difíciles, utiliza un quitamanchas más fuerte.

Recuerda que cuanto antes actúes, mejores serán tus posibilidades.

Planchado

Planchar elimina las arrugas y pliegues de tu ropa, dándote un aspecto elegante e incluso profesional. Así que saca la plancha y la tabla de planchar, y manos a la obra.

El algodón y el lino soportan el calor alto, mientras que a la lana le gusta el medio. Los tejidos delicados como la seda o el poliéster prefieren un nivel frío. Revisa siempre primero la etiqueta de la ropa y ajusta el dial de la plancha según corresponda. Y si tienes dudas, empieza con un ajuste de calor más bajo, y luego sube gradualmente la temperatura según lo necesites.

El algodón y el lino son también los únicos tejidos que debes humedecer o planchar con vapor. Si pones agua en la plancha para utilizar la función de vapor, no olvides vaciarla después de cada uso. De lo contrario, el agua vieja puede manchar la ropa la próxima vez que utilices la plancha.

Por cierto, cuanto más tiempo se deje arrugada una prenda, más difícil será sacarla, así que no dejes que se acumule la ropa para planchar.

Cómo Guardar la Ropa

Después de todo el esfuerzo que has dedicado a lavar, secar y planchar, quieres asegurarte de que tu ropa se guarda correctamente, ¿verdad?

Para la mayoría de la ropa, doblarla o colgarla es suficiente. Las camisetas, los suéteres y los pantalones vaqueros suelen preferir estar doblados, mientras que los vestidos, las blusas y los pantalones prefieren estar colgados. Pero cuidado con los armarios abarrotados. La ropa necesita espacio para respirar, y apretujarla demasiado puede provocar arrugas.

Las prendas delicadas, como la lencería o las blusas de cuentas, pueden necesitar cuidados especiales, como un cajón aparte o una bolsa protectora. Guarda la ropa fuera de temporada en un lugar fresco y seco para mantenerla fresca para el año que viene.

A las polillas de la ropa les ENCANTA la lana, la cachemira, la seda y la piel. Las larvas de estas molestas plagas comen y dejan pequeños agujeros en tus suéteres y abrigos favoritos. Así que asegúrate de colocar repelentes de polillas como madera de cedro, lavanda o incluso bolas de naftalina donde guardes estos artículos.

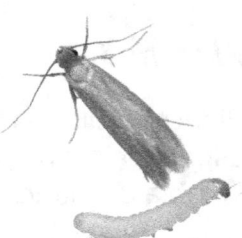

Polilla de la Ropa
Adulto y Larva

REMENDAR Y ARREGLAR LA ROPA

La ropa es cara. Puedes alargar la vida de tus prendas favoritas aprendiendo técnicas básicas de costura y remiendo. Y no solo eso, también puedes aprovechar los artículos de rebajas o de tiendas de segunda mano que no están del todo bien, pero que pueden modificarse fácilmente para que se conviertan en un complemento fabuloso de tu vestuario.

Si aún no sabes coser, te resultará difícil aprender leyendo un libro como éste. Coser es una gran habilidad que hay que tener, así que busca la forma de aprenderla – mira vídeos en YouTube, asiste a una clase de fin de semana o pide a alguien que sepa que te enseñe.

Las cosas más básicas que debes esforzarte por aprender son:

1. Coser botones y broches

2. Acortar y alargar tirantes

3. Subir y bajar un dobladillo

4. Remendar un agujero o una rotura

Cuidar tu ropa no consiste solo en tener buen aspecto, sino también en valorar lo que tienes, reducir el desperdicio y expresar tu estilo personal.

CÓMO CREAR UN GUARDARROPA BÁSICO

Tu vestuario es la imagen de tu estilo. Tiene que cubrir las bases, mostrar tu gama y ser únicamente tú.

Seamos realistas. Tú ya sabes cómo vestirte: Sabes qué tipo de ropa te gusta, y sabes cómo hacer que te siente bien. Pero a medida que pasas de la adolescencia a la edad adulta, y te enfrentas a entrevistas de trabajo/universidad, prácticas profesionales o un empleo a tiempo completo, el mundo va a esperar que sepas vestir de forma diferente.

Vestirse para Distintas Ocasiones

Intenta construir un guardarropa que tenga cubiertos los siguientes estilos:

- *Casual:* Este es tu atuendo del día a día. Piensa en pantalones vaqueros, camisetas y zapatos cómodos. Se trata de estar cómodo y de expresar tu estilo personal.

- *Casual de negocios:* Relajado, pero elegante. Es adecuado para tu trabajo o para una entrevista en la universidad. Las mujeres pueden optar por un vestido, una falda o unos pantalones de vestir combinados con una blusa o un suéter; los hombres pueden llevar caquis o pantalones de vestir combinados con una camisa de cuello. Un blazer puede añadir un toque profesional. Las corbatas son opcionales (si no sabes hacer el nudo de la corbata, entra directamente en YouTube), y se pueden llevar chaquetas, pero no son necesarias. Los zapatos deben seguir siendo formales. Para el invierno, asegúrate de que tienes al menos un abrigo adecuado que combine bien con el atuendo formal y de negocios.

- *Formal de negocios:* Es el código de vestimenta más profesional. Los hombres deben llevar traje, corbata y zapatos de vestir. Las mujeres deben optar por un traje de negocios o un vestido profesional con tacones conservadores. Este código de vestimenta suele reservarse para reuniones de negocios, conferencias o eventos formales.

- **Formal:** Para bodas o eventos de etiqueta, es apropiado un traje, un vestido formal o un vestido de cóctel. Según la ocasión, los hombres pueden tener que alquilar un esmoquin. Revisa el código de vestimenta para la ocasión con anticipación.

- **Para hacer ejercicio:** Invierte en ropa deportiva de buena calidad para tus sesiones de gimnasio o actividades al aire libre.

Vestir adecuadamente muestra respeto por la ocasión y por las personas que te rodean. No tienes por qué vestir como todo el mundo; tómatelo como un reto para <u>hacer alarde de tu individualidad sin salirte de los límites convencionales</u>.

Moda Sostenible: Tu Vestuario, Tu Mundo

Vístete para impresionar y defiende algo más con la moda sostenible. Cuando eliges la moda sostenible, no solo estás dando en el clavo—sino que estás eligiendo prendas que respetan el planeta y tu cartera, demostrando que el estilo y las elecciones inteligentes van de la mano. Muestra tu confianza mientras causas un impacto positivo, prenda a prenda.

- **Calidad antes que cantidad:** Invierte en piezas bien hechas que duren más, en lugar de comprar montones de artículos baratos y de baja calidad.

- **Compra de segunda mano:** Las tiendas de segunda mano, las tiendas de consignación y las plataformas en línea ofrecen artículos usados por una fracción de su costo. Y si aprendes las nociones básicas de costura, puedes hacer modificaciones sencillas en prendas ligeramente "pasadas" y ampliar exponencialmente tus opciones.

- **Cuida tu ropa:** Cuidar adecuadamente tu ropa alarga su vida. Repara las prendas en lugar de sustituirlas.

- **Marcas con conciencia social:** Apoya a las marcas que dan prioridad a las prácticas laborales éticas y a los procesos respetuosos con el medio ambiente.

Tu guardarropa no es solo una colección de ropa. Es una expresión de quién eres y de lo que valoras. Se supone que la moda es divertida, así que no tengas miedo de experimentar, probar cosas nuevas y dejar que tu personalidad brille en tu estilo.

El cuidado de la ropa es una parte esencial de la vida diaria que te mantiene con un aspecto impecable y seguro de ti mismo(a). Con un pequeño esfuerzo de mantenimiento, no solo te presentarás lo mejor posible, sino que también ahorrarás dinero y fomentarás tu sentido de la independencia. Además, cada prenda cuidada te acerca más a un estilo cuidado y personalizado que es exclusivamente tuyo.

11

Conducción y Mantenimiento del Auto

Dominando el Manejo del Coche

Todo el mundo debería <u>sacar la licencia de conducir en cuanto pueda</u>—aunque no tenga coche. No solo sirve como práctico documento de identidad con fotografía, sino que también amplía tus posibilidades. La capacidad de conducir te da la libertad de alquilar un coche para hacer emocionantes viajes por carretera y tener acceso a oportunidades de trabajo que de otro modo estarían fuera de tu alcance. Además, a medida que la vida se vuelve más ajetreada en la edad adulta, encontrar tiempo para sacarse la licencia es cada vez más difícil. Así que **¡aprovecha la oportunidad ahora!**

TU LICENCIA DE CONDUCIR

Cómo Obtener la Licencia

En Estados Unidos, las reglas relativas a las clases de conducir, los permisos de principiante y las licencias varían según el estado, así que asegúrate de revisar cuáles son donde vives. Pero, en general, el proceso suele seguir un patrón común:

Permiso de principiante: Antes de que puedas empezar las clases oficiales de conducir o practicar la conducción en vías públicas, muchos estados exigen que los nuevos conductores, especialmente los adolescentes, obtengan primero un *permiso de aprendiz.* (Probablemente tendrás que hacer un examen.) Este permiso normalmente te permite conducir solo cuando vas acompañado de un adulto con licencia.

Clases de manejo: Una vez que tengas el permiso de conductor principiante, puedes empezar las clases de manejo. Estas clases pueden ser con un instructor de conducción profesional o, en muchos casos, con un familiar o amigo que cumpla los requisitos del estado para supervisar a un conductor primerizo. Algunos estados exigen un número determinado de horas de conducción supervisada antes de que una persona pueda solicitar el permiso de conducir completo.

Educación vial: Además de las clases prácticas de conducción, muchos estados también exigen que los nuevos conductores, especialmente los adolescentes, realicen un curso de educación vial. Este curso abarca las reglas de la carretera, prácticas seguras de conducción y otros conocimientos esenciales. El curso puede incluir instrucción en el aula y entrenamiento al volante. (Muchas escuelas preparatorias públicas suburbanas ofrecen clases de conducción como parte de su plan de estudios habitual, incluidas las clases de conducción en carretera. Si tu escuela es una de ellas, aprovéchalo mientras puedas y ahorrarás mucho dinero).

Permiso de conducir completo: Tras cumplir todos los requisitos estatales, incluido un periodo determinado de posesión del permiso de principiante, completar un determinado número de horas de conducción supervisada y aprobar un examen práctico, la persona puede obtener el permiso de conducir definitivo.

Renovar Tu Licencia

Tu licencia de conducir no es algo que se obtiene una sola vez. Al igual que la tarjeta de la biblioteca o la suscripción a un gimnasio, necesita renovarse periódicamente. El proceso de renovación varía según el lugar, pero suele implicar una visita a tu oficina local del *DMV (Departamento de Vehículos de Motor)* para actualizar tu información personal, pasar un examen de visión y pagar una cuota de renovación. Algunos lugares pueden exigirte que vuelvas a hacer el examen escrito, sobre todo si has dejado que tu permiso expire durante cierto tiempo.

PRÁCTICAS DE CONDUCCIÓN SEGURA

Puede que seas el mejor conductor de la carretera; puede que creas que puedes con todo, a cualquier velocidad. **Pero eso no importa**. La calle está llena de variables que escapan a tu control – otros conductores, peatones, niños, bicicletas, animales, el tiempo, las condiciones de la carretera... y la lista es interminable. Así que repasemos aquí lo esencial de una conducción segura.

Conducción a la defensiva: Conduce como un jugador de ajedrez que elabora una estrategia para la siguiente jugada; pensando siempre un paso por delante, constantemente alerta y preparado para reaccionar con prontitud ante cualquier movimiento imprevisto. Observa tu entorno, anticipa posibles peligros y responde adecuadamente. Mantén una distancia de seguridad con el vehículo que te precede. Ajusta la velocidad en función de las condiciones meteorológicas y del tráfico, y revisa siempre los retrovisores con frecuencia para estar atento a los vehículos que te rodean.

Un buen conductor adapta su estilo de conducción a las condiciones meteorológicas. *Con mal tiempo*, reduce la velocidad y aumenta la distancia entre tú y el vehículo que te precede. Utiliza los limpiaparabrisas y los faros para mejorar la visibilidad y asegurar que los demás *te vean*. *En condiciones de niebla*, utiliza *las luces bajas* para mejorar la visibilidad. Si nieva o hay hielo, conduce despacio, frena suavemente y ten cuidado con el hielo negro. En algunos estados, es obligatorio llevar *llantas de invierno* durante ciertos meses del año para mayor seguridad.

Reconoce que cuando conduces un coche, estás moviendo **una pieza de maquinaria pesada, muy rápida**. Si te distraes una fracción de segundo – con el teléfono, un amigo en el asiento trasero o alguien al borde de la carretera – puedes causarte graves daños a ti mismo y a los demás. Mantén la atención en la carretera, las manos en el volante y los pensamientos en el acto de conducir. <u>Ningún mensaje de texto o llamada vale más que una vida.</u> Si necesitas utilizar el teléfono o ajustar el GPS, detente con seguridad antes de hacerlo.

LA COMPRA DE UN COCHE

Comprar un coche puede parecer una tarea abrumadora, pero si lo necesitas o lo quieres de verdad, puede hacerse incluso con el presupuesto de un adolescente.

Paso 1. Establece tu presupuesto para la compra de un coche: Si puedes disponer de entre $150 y $200 al mes, vas por buen camino. Decide un presupuesto realista, ten en cuenta tus ahorros, ingresos y formas de recortar gastos. Pagar por adelantado puede ahorrarte intereses y abrir oportunidades de negociación. Para la financiación, busca la ayuda de alguien con un buen historial de crédito. No olvides tener en cuenta los costos de propiedad, como la gasolina, el mantenimiento y el seguro.

Paso 2. Haz tu tarea: Antes de comprar un coche, identifica tus necesidades. ¿Cómo vas a utilizar el coche? ¿Con qué frecuencia conducirás? ¿Hay otros conductores? Haz una lista de las características imprescindibles. Busca ofertas en Internet para encontrar un precio justo. Revisa la seguridad, seguridad, eficiencia de combustible, etc. en sitios como *Cars.com, Edmunds* y *Consumer Reports.*

Paso 3. Decídete por un coche nuevo o usado: Ten en cuenta tu presupuesto a la hora de decidir entre nuevo y usado. Los coches nuevos ofrecen bajos costos de mantenimiento, funciones avanzadas y garantías. Los coches usados son más económicos, tienen tasas de seguro más bajas y los hay más variados. Pide la opinión de un mecánico cuando compres uno usado, si es posible, para evitar sorpresas. Protégete; evita las ofertas demasiado buenas para ser ciertas y revisa el historial del coche con *el VIN (Número de Identificación del Vehículo).*

Paso 4. Haz unas cuantas pruebas de conducción: Prueba a conducir para comprobar las características del coche. Inspecciona antes de conducir, revisa el estado del coche y confía en tus sentidos. Examina las características del coche, lee las etiquetas de las ventanillas y prepárate para una conducción de media hora. Prueba la tecnología de seguridad y asegúrate de que se adapta a tus necesidades. Lleva a un adulto de confianza y haz una inspección previa a la compra si es necesario.

Paso 5. El arte de la negociación: Negocia el precio; es flexible. Investiga precios comparables, no caigas en la trampa de los añadidos y prepárate para marcharte si el trato no es el adecuado. Revisa todo el contrato, haz preguntas y no te precipites con el papeleo. Cuando compres un coche usado, investiga las normas de tu estado para la transferencia de la propiedad. Asegúrate de que recibes todos los documentos relacionados con el coche, y recuerda que una vez que aceptas la compra, es definitiva. Investiga con anticipación para obtener la mejor relación calidad-precio.

MANTENIMIENTO Y REPARACIÓN BÁSICOS DEL AUTOMÓVIL

Mantener tu coche en buen estado realizando regularmente tareas básicas de mantenimiento y reparación puede ayudarte a mejorar la seguridad y ahorrarte mucho dinero. Sin embargo, estas habilidades se aprenden mejor mediante la formación práctica en persona o viendo vídeos instructivos. Así es mucho más rápido y seguro. A continuación te ofrecemos una lista de conocimientos imprescindibles que deberías revisar cuanto antes:

1. **Revisar y rellenar los líquidos:** Hay varios líquidos a los que debes prestar atención en un coche, como el *aceite*, el *refrigerante* (o *anticongelante*), el *líquido de transmisión* (si procede), el *líquido de frenos* y el *líquido limpiaparabrisas*.

2. **Cambiar una llanta desinflada:** Nunca se sabe cuándo se puede tener un neumático pinchado en la carretera. Necesitas saber utilizar *un gato*, una *rueda de repuesto* y una *llave de tuercas*, y saber identificar los *puntos de apoyo*.

3. **Revisar la presión de las ruedas:** Necesitas aprender a utilizar un medidor de presión de ruedas e inflar o desinflar la rueda a la presión de aire adecuada. Puedes hacerlo en la gasolinera.

4. **Sustitución de los limpiaparabrisas:** ¿Tienes el parabrisas rayado cuando hace mal tiempo? Eso puede ser peligroso. Lo sabes, ¿verdad? Mira en YouTube cómo cambiar las láminas del limpiaparabrisas. ¡Es MUY sencillo!

5. **Cambiar el filtro de aire:** Aprende a localizar el alojamiento del filtro de aire y a sustituirlo.

6. **Arrancar un coche cuando se queda sin batería:** Cómo utilizar los cables de arranque, identificar las terminales positiva y negativa, y conectarlos a la batería de otro vehículo.

7. **Comprender las luces de advertencia:** Aprende las luces de advertencia más comunes del salpicadero, conoce su significado y sabe cómo tomar las medidas adecuadas. Algunos de estos avisos pueden indicar problemas graves, ¡así que no los tomes a la ligera!

8. **Localización básica de averías:** Identificar los problemas habituales del coche, por ejemplo, sobrecalentamiento y ruidos extraños, y tomar las medidas iniciales para diagnosticar los problemas, como revisar si hay fugas.

9. **Programa de mantenimiento regular:** Entender el programa de mantenimiento recomendado por el fabricante y encontrar un mecánico de confianza que realice las tareas.

Equipo de Emergencia

Hay ciertos objetos que deberías tener siempre en la guantera o en el maletero en caso de emergencia. Son los siguientes:

- **Linterna con baterías de repuesto, botiquín de primeros auxilios y manta.**

- **Herramientas básicas:** Como desarmadores, pinzas y una llave ajustable.

- **Cables de arranque:** Para reactivar baterías descargadas.

- **Rueda de repuesto, gato y llave de tuercas:** Para cambiar una rueda desinflada.

- **Triángulos reflectantes o bengalas:** Para alertar a otros conductores si estás parado en la carretera.

- **Equipo para el mal tiempo**: Un rascador de hielo, un cepillo para el parabrisas y arena o arena para gatos para la tracción en la nieve.

- **Agua embotellada y tentempiés no perecederos:** Por si te quedas atascado un rato.

SEGURO DEL COCHE

Los Diferentes Tipos de Seguros

El seguro de coche es la red de seguridad que te protege de los desastres económicos que pueden derivarse de los percances en la carretera, pero no todos los seguros son iguales. Hay varios tipos, cada uno de los cuales ofrece distintos niveles de cobertura.

Necesitas saberlo para cumplir los requisitos legales.

- *El Seguro de Responsabilidad Civil* es el requisito legal mínimo en la mayoría de los estados. Es tu blindaje básico. Cubre los costos si eres responsable de un accidente y causas daños al vehículo o a la propiedad de otra persona, o si hieres a alguien.

- *El Seguro de Colisión,* como su nombre indica, cubre los daños sufridos por tu propio vehículo en un accidente, tanto si chocas con otro coche como con un objeto, como una valla.

- *El Seguro contra Todo Riesgo* cubre los daños causados a tu coche por otros eventos distintos de las colisiones, como incendios, robos, vandalismo o desastres naturales.

- *El Seguro de Protección de Daños Personales* y el *Seguro de Pagos Médicos* cubren los gastos médicos tuyos y de tus pasajeros, independientemente de quién sea el culpable.

- *El Seguro de Conductor sin Seguro o con Seguro Insufi-ciente* actúa como respaldo, cubriendo tus gastos si tienes un accidente causado por un conductor que no tiene seguro suficiente o ninguno en absoluto.

Con frecuencia es **ilegal** no tener al menos un seguro de coche básico, pero es muy recomendable contratar todo el seguro que puedas pagar para evitar facturas enormes en caso de accidente.

Cómo Presentar una Reclamación al Seguro

Si tienes un accidente o le pasa algo a tu coche, *presentar una reclamación* es la forma de pedir a la compañía de seguros que acuda en tu ayuda y cubra los costos. Al fin y al cabo, ¡para eso has pagado!

El proceso comienza con la notificación del incidente a tu aseguradora. Es importante que lo hagas lo antes posible, *aunque no tengas la culpa*. Necesitarás dar detalles sobre el accidente, como cuándo y dónde ocurrió, quién o qué estuvo implicado, qué daños se causaron y si hubo testigos.

A continuación, un *inspector de daños* investigará tu reclamación. Reunirá las pruebas para averiguar qué ocurrió y quién es responsable. Una vez terminada la investigación, la compañía de seguros determinará cuánto pagará, según las condiciones de tu póliza y las conclusiones del perito. Entonces te pagarán a ti, a la otra parte o directamente al taller de reparaciones que utilices para arreglar el coche.

Cómo Ahorrar Dinero en el Seguro del Auto

El seguro de auto es algo imprescindible, pero eso no significa que tenga que salirte caro. Hay varias formas de aligerar los costos y hacer que tu póliza sea más accesible:

- *Compara precios:* Las tarifas de los seguros pueden variar mucho de una compañía a otra. Así que haz tu tarea y compara presupuestos de distintas aseguradoras.

- *Haz un paquete:* Si tienes otros seguros, como el de vivienda o el de alquiler, considera la posibilidad de contratarlos con la misma compañía. Muchas aseguradoras ofrecen descuentos por agrupar pólizas.

- *Mantén un historial de conducción limpio:* Cuantos menos accidentes e infracciones de tráfico tengas, más baja será tu cuota. Aquí es donde conducir de forma segura compensa, literalmente.

- *Considera la posibilidad de aumentar tu deducible:* Cuanto mayor sea un *deducible*, más baja será la cuota. Pero, por supuesto, esto significa que pagarás más de tu bolsillo si tienes un accidente, así que tienes que equilibrar estos factores.

- *Aprovecha los descuentos:* Muchas aseguradoras ofrecen descuentos por cosas como realizar un curso de conducción defensiva, instalar un dispositivo telemático o incluso por ser un buen estudiante.

- *Empieza en la póliza de seguro de tus padres:* Esto te ayuda a crear un historial de conducción ahora para poder optar a descuentos en el seguro más adelante, cuando tengas que independizarte.

QUÉ HACER EN CASO DE ACCIDENTE

*Screeeech... **BANG!** Bueno, ¿y ahora qué?*

Seguridad Ante Todo

Apenas se ha asentado el polvo y tu corazón sigue acelerado. Acabas de tener un accidente de coche. Es una situación aterradora, pero mantener la calma puede ayudarte a superar las secuelas con mayor eficacia. Ante todo, revisa si hay heridos, tanto tú mismo como los demás. Si alguien está lesionado, pide ayuda médica inmediatamente.

Después, llama a la policía. Diles que has tenido un accidente e indícales tu ubicación lo mejor que puedas. Cuanto antes llames a la policía, mejor protegido estarás de cualquier situación inesperada que pueda producirse.

Si es seguro hacerlo, aparta tu vehículo del tráfico a un lugar seguro cercano. Si no es posible, enciende las luces de emergencia o coloca triángulos de seguridad para advertir del accidente a otros conductores. Necesitas crear una burbuja protectora alrededor del lugar del accidente para evitar más percances.

Intercambiar Información con el Otro Conductor

Una vez que todos estén a salvo, es hora de intercambiar información con el otro conductor implicado en el accidente. (Necesitarás esta información para completar tu reclamación al seguro más adelante). Con cuidado, sal del coche. Necesitarás compartir tu nombre, datos de contacto, número de licencia de conducir, número de la placa de matrícula e información sobre el seguro. Del mismo modo, recaba los mismos datos del otro conductor.

Es importante mantener la calma y la educación durante esta interacción, aunque el accidente no haya sido culpa tuya. Si el otro conductor se niega a compartir su información o intenta dejar el lugar, toma fotografías de su placa de matrícula o anota la marca y el modelo del vehículo junto con cualquier otro detalle.

Cómo Documentar el Accidente: Construyendo Tu Caso

A continuación, documenta el accidente. Toma fotos del lugar del accidente, captando la posición de los vehículos, los daños, el estado de la carretera y las lesiones visibles. Estas fotos pueden ser una prueba valiosa a la hora de reclamar al seguro o en caso de disputa sobre quién tiene la culpa.

Y antes de que se te olvide, anota los detalles del accidente, como la fecha, la hora, el lugar y las condiciones meteorológicas. Anota tu relato de cómo ocurrió el accidente mientras aún está fresco en tu memoria. Hacer un dibujo puede resultar extraño, pero puede ayudar a la policía o a tu compañía de seguros a visualizar el accidente. Esto te servirá como punto de referencia confiable en el futuro, sobre todo si necesitas relatar el incidente a tu compañía de seguros o a la corte.

Cómo Reportar el Accidente a la Compañía de Seguros

Por último, informa del accidente a tu compañía de seguros para que puedan iniciar el proceso de reclamación. Puedes hacerlo llamando a tu agente de seguros o informando por Internet o a través de la aplicación móvil de tu aseguradora.

Proporciona todos los detalles posibles al informar del accidente. La información y las fotos que recopilaste en el lugar del accidente te serán muy útiles. Sé sincero y minucioso al describir el incidente. Cualquier discrepancia entre tu informe y el informe oficial del accidente puede complicar el proceso de reclamación.

Ten en cuenta que cuanto más pronto informes del accidente, mejor. Informar con prontitud puede acelerar el proceso de reclamación y hacer que tu vehículo vuelva antes a la carretera.

Los accidentes de coche pueden ser estresantes y desorientadores, pero saber qué pasos dar tras ellos puede hacer que la situación sea más manejable. Mantén la calma, da prioridad a la seguridad, reúne información, documenta el incidente y comunícalo a tu compañía de seguros.

Conducir y mantener un coche es mucho más que un rito de iniciación; es una responsabilidad que, bien manejada, te paga independencia y movilidad. Con las llaves en la mano y los conocimientos en la mente, estás preparado para navegar por las carreteras que tengas por delante con confianza. ¡Buen viaje!

12

Tecnología

Mantente Inteligente en la Era Digital

L a tecnología es tu pasaporte al mundo: para estudiar, trabajar y mantenerte en contacto. Pero el universo online tiene sus peligros: invasiones de la privacidad, estafas y riesgos que ni siquiera existían cuando tus padres tenían tu edad. Mantente alerta, aprende las reglas del juego y podrás disfrutar al máximo de las ventajas de Internet evitando todos los peligros.

PRIVACIDAD Y SEGURIDAD

Privacidad y Seguridad en Línea

La privacidad y la seguridad en Internet son como la cerradura de tu puerta principal, que mantiene tu información personal a salvo de los intrusos cibernéticos. Cuando estás en Internet, este candado es tu contraseña. Necesita ser compleja (una mezcla de letras, números y símbolos) y única para cada una de tus cuentas online. Además, del mismo modo que no darías las llaves de tu casa a un desconocido, no compartas tus contraseñas con nadie, ni siquiera con tus amigos íntimos.

Cómo Reconocer y Evitar las Estafas

Las estafas te engañan para que veas lo que no hay. Pueden presentarse de varias formas en Internet: un correo electrónico sospechoso en el que te piden información personal, una notificación emergente de que tu computadora está infectada con un virus, o una oferta en línea demasiado buena para ser verdad. La clave para evitar las estafas es *ser escéptico*. No hagas clic en enlaces de fuentes desconocidas, nunca compartas información personal con alguien en quien no confíes y, en caso de duda, haz una búsqueda rápida en Internet para revisar si otras personas han experimentado una situación similar.

Prevención y Concienciación Sobre el Ciberacoso

El ciberacoso puede ser incluso más dañino que el acoso en el patio del colegio, porque puede ocurrir en cualquier momento y lugar, y puede llegar a un público muy amplio. Si tú o alguien que conoces son víctimas de ciberacoso, *no se queden callados*. Denúncialo a un adulto, a la plataforma de medios sociales en la que esté ocurriendo y a la policía.

Las leyes tienen dificultades para mantenerse al día en este ámbito, pero las fuerzas del orden están mejorando en el tratamiento de los delitos en línea. Recuerda, todo el mundo tiene derecho a sentirse seguro en Internet, y cada uno de nosotros tiene un papel en la creación de una comunidad digital respetuosa.

Prácticas Seguras en las Redes Sociales

Las redes sociales son una forma maravillosa de compartir tus alegrías de la vida con el mundo. Pero ten cuidado: Una vez que publicas algo en Internet, es casi imposible retirarlo por completo.

Piénsatelo dos veces antes de compartir algo que no te gustaría que viera tu futuro yo, un funcionario de admisiones de la universidad o un posible empleador. Asegúrate de ajustar la configuración de privacidad de tus cuentas en las redes sociales para controlar quién puede ver tus publicaciones e información personal.

Las redes sociales son una forma estupenda de conocer a gente nueva y mantener el contacto con viejos amigos, pero también son un medio para que los estafadores y los delincuentes sepan más de ti. Mantén en privado datos como la ubicación de tu escuela o trabajo, y no publiques documentos que contengan información como una dirección, la licencia de conducir u otra identificación personal.

El impacto de la Huella Digital

Cada clic, búsqueda y "me gusta" que publicas en Internet es como un paso en la arena digital, que deja un rastro tras de sí. Estas huellas digitales pintan un cuadro de tu comportamiento y preferencias en Internet que otros pueden ver. Es más que un historial; es un reflejo de tu persona virtual, que va trazando tu viaje por la red. Ten en cuenta que estos pasos virtuales no se borran fácilmente con la marea del tiempo. Piensa con anticipación y asegura que tu legado digital sea uno del que te sientas orgulloso.

Protección de la Identidad Digital

Tu identidad digital es una combinación de toda la información personal que existe sobre ti en Internet, como tu nombre, fotos e incluso tus intereses y opiniones. Proteger tu identidad digital es crucial. Sé consciente de la información que compartes en Internet y con quién. Revisa y actualiza periódicamente la configuración de privacidad de tus cuentas en redes sociales, y ten cuidado cuando utilices redes Wi-Fi públicas, que pueden ser menos seguras. Considera la posibilidad de utilizar una *VPN (Red Privada Virtual)* en espacios públicos.

SOLUCIÓN DE PROBLEMAS BÁSICOS

Reiniciar y Actualizar Dispositivos: La Renovación Tecnológica

¿Has oído alguna vez la famosa solución del departamento de informática para todos los problemas: "¿Has probado a ***reiniciar***?"? Por algo es un clásico. Reiniciar tu dispositivo puede borrar los datos temporales del sistema, detener la ejecución de aplicaciones innecesarias y solucionar muchos problemas comunes. Básicamente, le estás dando a tu dispositivo una pequeña siesta de energía para que se recargue y se arregle solo.

Las *actualizaciones periódicas* son como revisiones rutinarias de la salud de tus dispositivos. Las actualizaciones suelen incluir correcciones de errores, parches de seguridad y nuevas funciones. Se aseguran de que tu dispositivo funcione lo mejor posible, sea seguro y esté al día de los últimos avances tecnológicos. Así que, la próxima vez que veas esa notificación de actualización, no la ignores. Prográmala para un momento en el que no estés utilizando el dispositivo y deja que haga su magia.

Cómo Hacer Frente a un Internet Lento

Una conexión a Internet lenta puede hacerte sentir como si estuvieras atrapado en un embotellamiento mientras corres contrarreloj. Antes de perder la calma, prueba estos consejos. Primero, *revisa tu conexión*. ¿Estás conectado a la red correcta? ¿Puede que tu dispositivo esté demasiado lejos de tu router Wi-Fi? Si tu señal Wi-Fi es débil, acercarte al router o utilizar una conexión con cable puede ayudar.

Si tu conexión está bien, el problema podría estar en tu dispositivo. Cierra todas las aplicaciones o pestañas del navegador innecesarias, ya que pueden reducir la velocidad de tu dispositivo y acaparar tu banda ancha. Si todo lo demás falla, reinicia el router. Es un truco sencillo que a menudo puede acelerar las cosas.

Cómo Organizar el Espacio de almacenamiento

Piensa en el espacio de almacenamiento de tu aparato como en un armario. Cuantas más cosas metas, menos espacio tendrás para cosas nuevas. Cuando tu espacio de almacenamiento empieza a llenarse, tu dispositivo puede volverse más lento o no funcionar correctamente. Es señal de que ha llegado el momento de hacer limpieza digital.

Empieza por revisar los ajustes de almacenamiento para ver qué ocupa más espacio. ¿Está tu galería llena de fotos y vídeos? ¿O tal vez es ese juego al que ya no juegas? Elimina los archivos innecesarios, desinstala las aplicaciones que no utilices y traslada algunas de tus cosas a la nube.

EDUCACIÓN DIGITAL: Más allá de las redes sociales

Utilizar Eficazmente los Sistemas de Búsqueda

Con tanta información disponible, saber utilizar eficazmente los motores de búsqueda es una habilidad vital clave. Empieza por elaborar una consulta de búsqueda precisa. Cuanto más específico seas, más relevantes serán tus resultados. Utiliza palabras clave que estén directamente relacionadas con la información que buscas. Por ejemplo, en lugar de buscar "tiempo", escribe "previsión meteorológica de Nueva York".

Aprende a utilizar *operadores de búsqueda* para afinar tus resultados. Por ejemplo, si entrecomillas una frase, buscarás esa frase exacta. Utilizar "Y" (AND, en inglés) en mayúsculas asegurará que ambas palabras clave se encuentren en los resultados de la búsqueda, reduciendo el número de resultados que obtienes a unos más específicos. Por otra parte, si utilizas "O" ("OR" en inglés) en tu consulta, se amplían tus opciones, ya que solo se necesita encontrar una de las palabras clave para obtener un resultado.

Por último, asegúrate de revisar varias fuentes. Que algo aparezca en la parte superior de los resultados de búsqueda no significa que sea la fuente más confiable.

Evaluación de la Información en Línea

Con la enorme cantidad de información disponible en Internet, es como ahogarse en un mar de hechos, opiniones y, desafortunadamente, desinformación. Por tanto, saber cómo evaluar la información en Internet es más que importante – es vital.

Empieza por revisar la fuente. ¿Es un medio de noticias acreditado, una institución académica o un experto reconocido en la materia? ¿O es una entrada anónima en un blog o un comentario en las redes sociales?

Mira la fecha. En nuestro mundo acelerado, la información puede quedar obsoleta muy rápidamente. Asegúrate de que la información es reciente y sigue siendo relevante. Además, compara la información con otras fuentes. Si varias fuentes creíbles presentan la misma información, es más probable que sea exacta.

Habilidades Básicas de Codificación

Imagina que estás aprendiendo un nuevo lenguaje que te permite comunicarte con las computadoras. Eso es la codificación. Los conocimientos básicos de programación son cada vez más esenciales, no solo para los trabajos tecnológicos, sino para una amplia gama de carreras, como marketing y publicidad, periodismo, finanzas y bancos, arte y diseño, y medicina. Puede ser la diferencia entre una carrera mediocre y una de éxito.

Puedes empezar con un lenguaje fácil de aprender como Python o JavaScript. Hay muchos recursos gratuitos en Internet, como Codecademy y Scratch, diseñados para ayudar a los principiantes a aprender a programar. Aprender a programar también ayuda a mejorar las habilidades de resolución de problemas y pensamiento lógico. Es como resolver un rompecabezas o una adivinanza, donde debes pensar paso a paso y considerar distintas posibilidades para llegar a la solución

Etiqueta Digital

Al igual que en la vida real, hay ciertas normas de comportamiento o etiqueta que debemos seguir cuando nos comunicamos por Internet.

Sé respetuoso con las opiniones de los demás, aunque no estés de acuerdo. Es posible expresar tus puntos de vista sin atacar ni menospreciar los de los demás. Recuerda que el tono puede ser difícil de leer en Internet. Lo que pretendes que sea una broma puede parecer grosero u ofensivo.

Ten cuidado con lo que compartes. Si no es tu noticia para compartir, o si se trata de algo privado o delicado sobre otra persona, es mejor que te quedes callado.

Recuerda la regla de oro de Internet: No publiques nada que no quieras que vea tu abuela, tu maestro o tu futuro jefe. Porque una vez que está ahí fuera, está ahí fuera para siempre.

TECNOLOGÍA PARA EL APRENDIZAJE Y LA PRODUCTIVIDAD

Plataformas de Aprendizaje en Línea: Tu Aula Virtual

Cambia las cuatro paredes de tu aula por un reino digital sin límites, listo para enseñarte en cualquier momento y lugar. Bienvenido al dinámico mundo de las plataformas de aprendizaje online. Desde dominar un nuevo idioma en Duolingo hasta aprender a programar en Codecademy, las posibilidades son infinitas. Puedes seguir un plan de estudios estructurado, aprender a tu propio ritmo e incluso obtener certificados que pueden impulsar tu currículum. Además, puedes aprender de expertos de todos los rincones del mundo, desde la comodidad de tu casa. Entonces, ¿qué esperas? Elige un tema que despierte tu interés y empieza a ampliar tus conocimientos hoy mismo.

Aplicaciones de Productividad: Tus Asistentes Digitales

Piensa en las aplicaciones de productividad como en tus asistentes digitales personales, listos para echarte una mano 24 horas al día, 7 días a la semana. ¿Necesitas organizar tus tareas? Prueba las aplicaciones que crean listas de tareas, establecen plazos y controlan el progreso. ¿Quieres colaborar con otros? Google Docs y Slack facilitan el trabajo en equipo. Con las aplicaciones de productividad adecuadas, puedes mantenerte organizado, mejorar tu concentración y trabajar de forma más eficiente. Así que, ¡empieza a explorar y encuentra las aplicaciones que mejor se adapten a tus necesidades!

Toma de Notas Digital

Cambia los montones de cuadernos de papel por una elegante plataforma digital. Con la toma de notas digital, puedes apuntar ideas, dibujar diagramas, incrustar imágenes e incluso capturar audio, todo en el mismo sitio. Aplicaciones como Evernote, Notion o OneNote te permiten hacer todo esto y más. Puedes organizar tus notas en carpetas, etiquetarlas para facilitar la búsqueda y sincronizarlas entre dispositivos. Además, puedes compartirlas con otras personas para trabajar en colaboración. Con la toma de notas digital, tus notas no solo están más organizadas, sino que también son más interactivas y accesibles.

Herramientas de Administración del Tiempo: Tu reloj en la nube

Las herramientas de gestión del tiempo son como tus cronome-tradores virtuales, que te ayudan a hacer que cada segundo cuente. ¿Necesitas dividir tus tareas en intervalos manejables? Prueba la Técnica Pomodoro con aplicaciones como Tomato-Timer. ¿Quieres saber cuánto tiempo dedicas a las distintas tareas? Existen aplicaciones que te ofrecen un desglose detallado.

¿Prefieres programar tus tareas en un calendario? Google Calendar o Outlook pueden sincronizar tu calendario en todos tus dispositivos. Utilizando herramientas de administración del tiempo, puedes controlar tu tiempo, evitar la procrastinación y aumentar la productividad. Así que, ¡empieza a marcar esas tareas de tu lista, un paso oportuno cada vez!

Estar al día con la tecnología no es solo cuestión de aparatos y aplicaciones, sino de cómo los utilizas para mejorar tu vida. Adopta la era digital con prudencia, equilibrando las ventajas de la tecnología con la importancia de las experiencias del mundo real. Mantén la curiosidad, la seguridad en Internet y no lo olvides nunca: la tecnología da lo mejor de sí cuando te ayuda a crecer, a conectar y a alcanzar tus metas.

Palabras Finales

El viaje hacia la independencia es precisamente eso: un viaje.

A medida que te aventures en tu propio camino hacia la independencia, dos principios básicos serán tus estrellas guía: la **resiliencia y la adaptabilidad**. La tecnología se desarrolla rápidamente, y nuestro mundo evoluciona constantemente. Así que, aunque las habilidades que has adquirido aquí te proporcionan una base sólida, es tu resiliencia la que te anclará en los momentos difíciles y tu adaptabilidad la que te ayudará a cabalgar las olas de las nuevas oportunidades y cambios.

Acepta los retos que se te presenten, aprende de tus errores y esfuérzate continuamente por crecer. Tienes las habilidades, los conocimientos y la determinación para dejar tu huella en el mundo. Y además, ¡**tienes este libro para consultarlo siempre que lo necesites**!

Brindo por todos los retos que conquistarás, las habilidades que dominarás y el increíble viaje en el que te embarcarás. Estoy impaciente por ver adónde te lleva tu viaje.

Hasta pronto,

Con mucho cariño,

Trudy

Referencias

Adolescents and STDs | Sexually Transmitted Diseases | CDC. (n.d.).
  https://www.cdc.gov/std/life-stages-populations/stdfact-teens.htm

Bankston, B. (2023, June 13). *Car buying guide for teens and new drivers.* Car Talk.
  https://www.cartalk.com/drivers-ed/car-buying-guide-for-teens-and-new-drivers

CHOC. (2023, June 23). Social Media Tips for Kids and Teens - CHOC - Children's health hub. CHOC - Children's Health Hub.
  https://health.choc.org/handout/social-media-tips-for-kids-and-teens/

Cleaning Supplies checklist | Molly Maid. (n.d.).
  https://www.mollymaid.com/cleaning-tips/schedules-charts-and-checklists/
  cleaning-supply-checklist/

CollegeData. (2022, November 22). How much does college cost? | CollegeData. *CollegeData.*
  https://www.collegedata.com/resources/pay-your-way/whats-the-price-tag-for-a-college-education

College prep: Teach your teenager how to do laundry. (n.d.). Dropps.
  https://www.dropps.com/blogs/spincycle/38213637-college-prep-teach-your-teenager-how-to-do-laundry

Connection, R. (n.d.). Anxiety, stress, worry, and your body [medicinenet.com].
  PACEsConnection.
  https://www.pacesconnection.com/blog/anxiety-stress-worry-and-your-body-medicinenet-com

Contraception explained: Birth control options for teens & adolescents. (n.d.).
  HealthyChildren.org.
  https://www.healthychildren.org/English/ages-stages/teen/dating-sex/Pages/Birth-Control-for-Sexually-Active-Teens.aspx

Daily, L. (2022, December 2). 15 tools every homeowner should have. Washington Post.
  https://www.washingtonpost.com/home/2022/05/24/essential-tools-homeowners/

Drug Basics | Drug Overdose | CDC Injury Center. (n.d.).
  https://www.cdc.gov/drugoverdose/basics/index.html

Earn College Credit with CLEP – CLEP | College Board. (n.d.).
       https://clep.collegeboard.org/
Emotional Intelligence Handouts | Institute for Family Violence Studies. (n.d.).
       https://familyvio.csw.fsu.edu/clearinghouse-supervised-visitation/archive/e
       motional-intelligence-handouts
Fausett, R. (2021, August 6). *Five ways teens can use technology as a tool.* Troomi
       Wireless.
       https://troomi.com/five-ways-teens-can-use-technology-as-a-tool/
For Teens: How to make Healthy Decisions about sex. (n.d.). HealthyChildren.org.
       *https://www.healthychildren.org/English/ages-stages/teen/dating-sex/Page
       s/Making-Healthy-Decisions-About-Sex.aspx*
Get the Most Out of AP – AP Students | College Board. (n.d.).
       https://apstudents.collegeboard.org/
Hall, S. (2022, November 16). *How to Find a Good Roommate: 14 Steps (with
       Pictures) - wikiHow.* wikiHow.
       https://www.wikihow.com/Find-a-Good-Roommate
Harvard Health. (2021, February 15). *How to prevent infections.*
       *https://www.health.harvard.edu/staying-healthy/how-to-prevent-infections#
       :~:text=Cover%20your%20mouth%20and%20nose,be%20examined%20b
       y%20a%20doctor.*
Hay fever - Symptoms and causes - Mayo Clinic. (2022b, July 7). Mayo Clinic.
       https://www.mayoclinic.org/diseases-conditions/hay-fever/symptoms-caus
       es/syc-20373039
*Healthy eating during adolescence. (2023, October 26). Johns Hopkins Medicine.
       https://www.hopkinsmedicine.org/health/wellness-and-prevention/healthy-
       eating-during-adolescence#:~:text=Eat%203%20meals%20a%20day,that
       %20are%20high%20in%20sugar.*
Healthy eating plate. (2023c, January 31). The Nutrition Source.
       https://www.hsph.harvard.edu/nutritionsource/healthy-eating-plate/
*The Human Condition. (2023, April 30). Automatic negative thoughts: what they
       are, causes, and how to overcome them.
       https://thehumancondition.com/automatic-negative-thoughts/*
I'm Pregnant, Now What? | Pregnancy Options For Teens. (n.d.). Planned
       Parenthood.
       https://www.plannedparenthood.org/learn/teens/stds-birth-control-pregnan
       cy/i-think-im-pregnant-now-what#:~:text=If%20your%20pregnancy%20te
       st%20is,to%20do%20about%20your%20pregnancy.
*In-Network vs. Out-of-Network Providers | Cigna. (n.d.).
       https://www.cigna.com/knowledge-center/in-network-vs-out-of-network#:~
       :text=Plans%20may%20vary%2C%20but%20in,live%2C%20network%20
       availability%20may%20vary.*
*Insurance and billing | Boston Medical Center. (n.d.). Boston Medical Center.
       https://www.bmc.org/stroke-and-cerebrovascular-center/patient-informatio
       n/insurance-and-billing*

Interview tips for Teens. (n.d.).
   https://www.bgca.org/news-stories/2021/June/interview-tips-for-teens
Jkennedy. (2023, June 22). *Helpful vs. Harmful Ways to Manage Emotions. Mental Health America.*
   https://screening.mhanational.org/content/helpful-vs-harmful-ways-manag e-emotions/
Lake, R. (2023, October 3). Best savings accounts for kids for October 2023 · TIME stamped. *TIME Stamped.*
   https://time.com/personal-finance/article/best-savings-accounts-for-kids/
Loh, A. (2021, February 3). 15 Must-Have Kitchen Tools. *EatingWell.*
   https://www.eatingwell.com/article/50233/must-have-kitchen-tools/
Martin, A. (2023, August 6). *Coinsurance vs. Copays: What's the Difference?* Investopedia.
   https://www.investopedia.com/articles/insurance/120816/coinsurance-vs-c opay-why-you-need-know-difference.asp#:~:text=A%20copay%20is%20a %20set,you've%20met%20your%20deductible.
McGuire, V. C., & Lambarena, M. (2023, June 1). *Student Credit Cards 101: Everything you need to know.* NerdWallet.
   https://www.nerdwallet.com/article/credit-cards/student-credit-cards-101
Miller, C., & Taskiran, S., MD. (2023, October 30). *Mental health disorders and teen substance use.* Child Mind Institute.
   https://childmind.org/article/mental-health-disorders-and-substance-use/
Movement, Q.-. P. a. P. W. (2023, January 2). Is Inflation High Compared To Years Past? Breaking Down Inflation Rates By Year. *Forbes.*
   https://www.forbes.com/sites/qai/2023/01/02/is-inflation-high-compared-to -years-past-breaking-down-inflation-rates-by-year/?sh=27d684b16d7a
MyDoh. (2022b, September 19). *Insurance 101: A Guide for parents and Teens | MyDoh.* Mydoh.
   https://www.mydoh.ca/learn/money-101/insurance/insurance-101-a-guide- for-parents-and-teens/
Nivea. (2023, August 2). *Teenage skin care tips. Skin Care | NIVEA.*
   https://www.nivea.co.uk/advice/skin/teenage-skin-care-tips
Physical activity guidelines for Americans | Health.gov. (n.d.).
   https://health.gov/our-work/nutrition-physical-activity/physical-activity-gu idelines
Pomroy, K. (2022, August 6). *Should I use a guarantor or cosigner on a rental agreement?*
   https://www.experian.com/blogs/ask-experian/guarantor-vs-cosigner/
Robinson, D. (2023, October 12). *Cheapest car insurance for teens.* MarketWatch.
   https://www.marketwatch.com/guides/insurance-services/teenage-drivers-i nsurance/
Ross, K. M., & Moody, J. (2020, April 7). 10 ways to help your teen with the college decision. *US News & World Report.*
   https://www.usnews.com/education/best-colleges/slideshows/parents-10-w ays-to-help-your-teen-with-the-college-decision

SAMHSA's national helpline. (n.d.). SAMHSA.
   https://www.samhsa.gov/find-help/national-helpline
The simple guide to health plans. (n.d.-b). Aetna.
   https://www.aetna.com/health-guide/hmo-pos-ppo-hdhp-whats-the-differen
   ce.html
Sulpy, E., & Adkins, C. (2022, December 8). *How to teach basic car maintenance
   to your teen | GetJerry.com.*
   https://getjerry.com/advice/how-to-teach-basic-car-maintenance-to-your-te
   en-by-elaine-sulpy
Surgeon, R. R. E. H. a. N. (2022, April 7). *What is an emotional trigger?*
   MedicineNet.
   https://www.medicinenet.com/what_is_an_emotional_trigger/article.htm
Take charge of your health: a guide for teenagers. (2023, September 22). National
   Institute of Diabetes and Digestive and Kidney Diseases.
   https://www.niddk.nih.gov/health-information/weight-management/take-ch
   arge-health-guide-teenagers
Teens and social media use: What's the impact? (2022, February 26). Mayo Clinic.
   https://www.mayoclinic.org/healthy-lifestyle/tween-and-teen-health/in-dep
   th/teens-and-social-media-use/art-20474437#:~:text=Because%20of%20te
   ens'%20impulsive%20natures,bullied%2C%20harassed%20or%20even%2
   0blackmailed.
Teens: hygiene & dental care. (2020, January 1). Raising Children Network.
   https://raisingchildren.net.au/teens/healthy-lifestyle/hygiene-dental-care
Teens taking charge of their health. (2020, March 2). NIH News in Health.
   https://newsinhealth.nih.gov/2020/02/teens-taking-charge-their-health
The simple guide to health plans. (n.d.-b). Aetna.
   https://www.aetna.com/health-guide/hmo-pos-ppo-hdhp-whats-the-differen
   ce.html
What is a 529 plan? - Savingforcollege.com. (2023, October 27).
   Savingforcollege.com.
   https://www.savingforcollege.com/intro-to-529s/what-is-a-529-plan#:~:tex
   t=A%20529%20college%20savings%20plan,for%20qualified%20higher%
   20education%20expenses.
Whitbourne, K. (2018, January 19). *What are the different types of doctors?*
   WebMD.
   https://www.webmd.com/health-insurance/insurance-doctor-types
wikiHow. (2023, July 5). *How to Buy Vegetables: 6 Steps (with Pictures) - wikiHow.*
   wikiHow. https://www.wikihow.com/Buy-Vegetables
World Health Organization: WHO. (2022, October 5). Physical activity.
   https://www.who.int/news-room/fact-sheets/detail/physical-activity
Zutobi. (2023, May 3). *Starting to Drive as a Teen 101 – Learn How To
   Drive a Car. Zutobi Drivers Ed.*
   https://zutobi.com/us/driver-guides/learning-how-to-drive
24-Hour movement guidelines – Canadian 24-Hour movement guidelines. (n.d.).
   https://csepguidelines.ca/

¡Tu opinión puede marcar la diferencia!

¡Hola de nuevo! Espero de verdad que hayas disfrutado con este libro.

¿Te sientes ahora un poco más confiado y preparado para afrontar los retos de la vida real que te esperan?

¿Crees que puede haber otros adolescentes y jóvenes que también se beneficien de este libro?

Si es así, por favor, dedica 60 segundos a escanear el enlace que aparece a continuación y deja una reseña. ¿Quién sabe? Puede que eso sea lo que convenza a otra persona de elegir este libro, ¡que cambiará su vida para mejor!

‹Para EE.UU.›

o

https://www.amazon.com/review/create-review/?ie=UTF8&chann el=glance-detail&asin=B0CN85953F

‹Para el resto del mundo›

¡Gracias de todo corazón!
Con todo mi cariño,
Trudy

www.ingramcontent.com/pod-product-compliance
Lightning Source LLC
Chambersburg PA
CBHW060514130626
46553CB00002B/495